ASAHI SENSHO 朝日選書 1049

〈ひとり死〉時代の死生観

「一人称の死」とどう向き合うか

小谷みどり

朝日新聞出版

〈ひとり死〉時代の死生観——「一人称の死」とどう向き合うか

目次

2. お葬式の変化　21

3. お墓の変化　35

〈ひとり死〉時代の死生観

「一人称の死」とどう向き合うか

小谷みどり

序章　私が死生学の研究をはじめて

私が、人の生き死にをテーマにした研究をはじめて、30年がたつ。大学院を修了し、生活設計関連のテーマを自主研究する第一生命のシンクタンクに入社したものの、そもそも研究者志望だったわけでもない私は、何を研究するべきか、悩んだあげく、「お墓についての意識を調査しよう」と思い立った。

しかし、研究所の上司たちは、「誰とお墓に入りたいかなんて考える人はいない」「子孫は先祖のお墓に入ることが当たり前に決まっている！」などと、お墓のあり方や意識を研究する意義や理由がわからないと、このテーマに猛反対した。

なぜ私が、お墓や死について研究してみようと思ったのか。

1つ目は、「特に研究したいことがないのだから、どうせなら、大勢の人に関係のあるテーマにしよう」と考えたことにある。みんなに共通するライフイベントは、「生まれた」ということと「死ぬ」ということしかないのだが、「生まれた」のは本人の意思ではないため、「死」こそが、すべての人が直面することだと気づいたのだ。仏教では「生老病死」を四苦というが、生まれてすぐ亡くなり「病老」がない子どももいれば、「老」を知らずに若くして病死する人もいる。どんな人生であっても、死なない人はいない以上、この世の人生は死で終わることを、私たちはもっと意識すべきではないかと考えた。

しかし30年前、生命保険会社が顧客に提示するライフプラン表（これからの人生で、いつどのタイミングでどの位のお金がかかるのか、平均費用を示した図）は、「老後」で終わっていた。さも、人生はエンドレスであるかのように。その頃、人が自分のライフプランを考える時、「死」というライフイベントを含めるという発想はなかったのだ。

生命保険の主力商品である死亡保障は、死亡や高度障害になった時に遺族へ保険金が支払われる仕組みなのに、ライフプラン表に「死」を入れていないとはなぜだろう、と不思議だった。しかも、生命保険会社では、死亡することを「万が一」と表現する。死亡率は100％で、万が一で死ぬ人はいないのに……、と、これも謎だった。

2つ目は、学生時代、大阪の簡易宿泊所街で、ホームレスの方たちにインタビューしたことがあったのだが、何人かが、「自分が死ぬ前に、故郷にある親の墓参りに行きたい」「母ちゃんの死に目に会えなかったことが心残り」などと話してくれたことが、私の印象に強く残っていたからだ。

「死ぬ前に、故郷の親やきょうだいに会いたい」なら理解できるが、なぜ親の「死に目」や死んでしまった親の「墓参り」なのだろう、と、その頃の私には腑に落ちない話だった。「親の死に目に会えず、すでに亡くなっている親の墓参りもしないままでは、自分は死にきれない」とは、どういう意味なのか。故郷へ帰れない事情がある人たちにとって、お墓はどういう場所なのだろうか。
そこで「一度だけ、お墓の意識調査をさせてほしい」と上司に何度も掛け合い、根負けした上司たちに、ようやく許可してもらえたのだった。

また同じ頃、内閣府の「東南アジア青年の船」に日本代表青年として参加したとき、各国でホームステイをしているなかで、宗教や文化による「死」の感覚の違いを体感したこともあった。タイのバンコクでは、ホームステイ先の家族とテレビを見ていた時、交通事故で亡くなった方の遺体がニュースで流れた。そのこと自体にもびっくりしたが、ホストファミリーはそれを平気な顔で見ていたことにも驚いた。

そしてなによりも、私が幼稚園児の頃、医師だった祖父が、末期のがんで余命いくばくかの親戚のベッドサイドに私を連れていき、「こうやって人間は死んでいくんだよ、よく見ておきなさい」と言ったことは、50年経った今でも、強烈な思い出となっている。意識のない親戚が管につながれ、酸素吸入をしていたのか、シューシューという音だけが静かな病室に響いていたことを覚えている。

祖父の診療所には、水頭症の胎児や何かの障害で流産した胎児がホルマリン漬けになったガラス瓶がいくつか並んでいた。怖いという意識はなかった気がするが、いまだに記憶にあるということは、幼心にも何かを感じたのだろう。

死ぬとはどういうことなのだろうか。生きていることと死んでいることの違いはどこにあるのだろうか。私はなぜ、何のために生まれてきたのだろうか。

中学生や高校生の頃によくそんなことを考えたのも、幼少期の体験が少なからず影響していたと思う。

この30年間、死生学の研究をしてきた経験や知見をもとに、本書では、こうした問いの答えを改めて考えてみようと思う。

第1章

急速に進んだ「死」をめぐる社会の変化

1. 高齢化と家族の変化

高齢者介護は家族の役割だと多くの人が考えていた

私が死生学を研究しはじめた30年前と今とでは、死を取り巻く社会の環境が大きく変化した。例えば、厚生労働省「国民生活基礎調査」によれば、1975年には三世代同居は65歳以上の人がいる世帯の54・4%だったが、1980年には50・1%と半数になり、1990年には39・5%、2019年には1割を下回り、2023年には7・0%にまで減少している。

1979年に当時の大平正芳首相が、日本型福祉社会と家庭の関係について「家庭は、社会の最も大切な中核であり、充実した家庭は日本型福祉社会の基礎であります」（1979年1月の第87回国会の施政方針演説）と発言している。

この頃は、高齢者の半数以上は子や孫に囲まれて生活していたのだから、「育児や看護、介護は、三世代の家族で担うのが基本」という考え方に疑問を呈する国民は少なかったのだろう。

65歳以上の者がいる世帯の状況

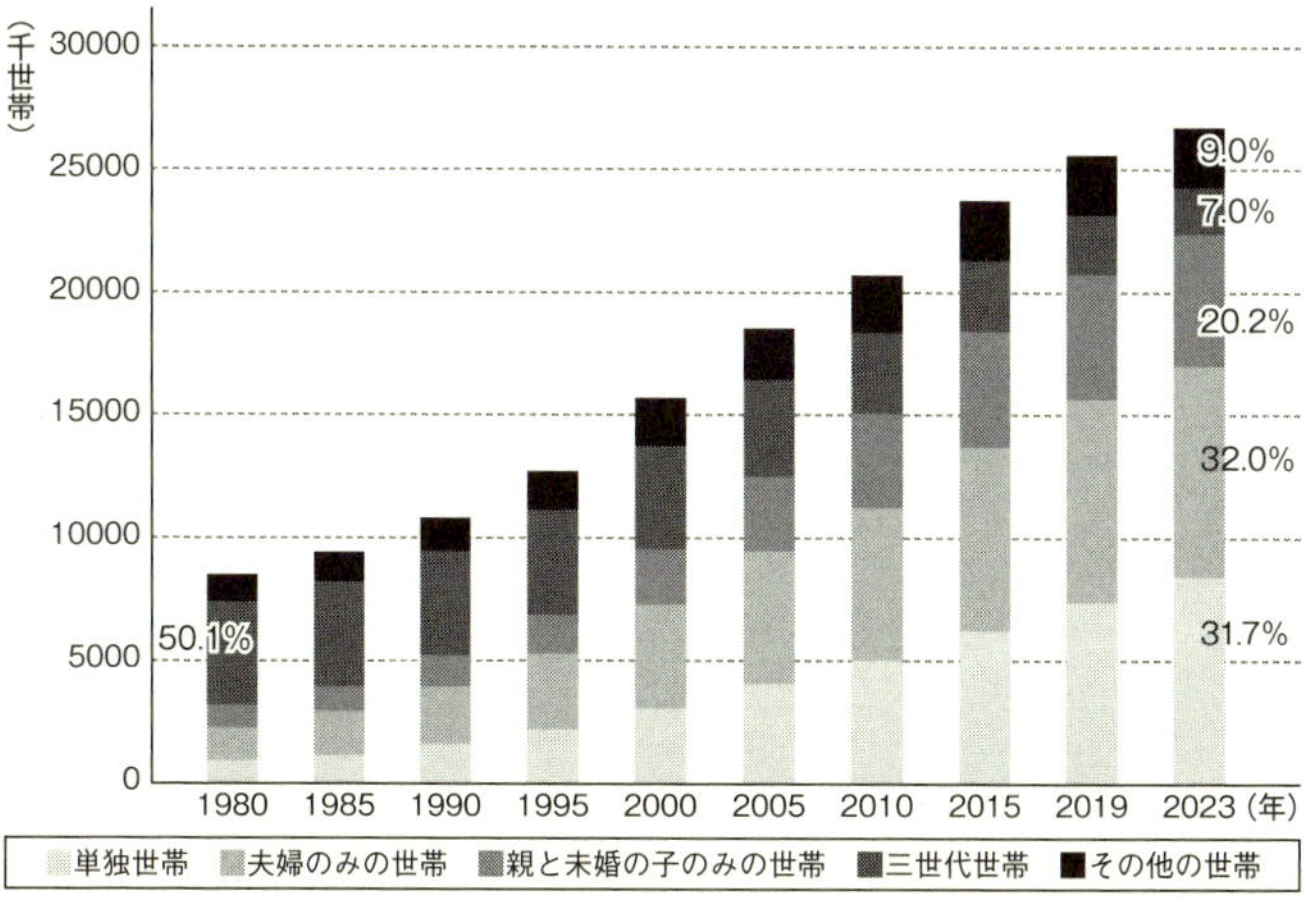

資料：1985年以前の数値は厚生省「厚生行政基礎調査」、1990年以降の数値は厚生労働省「国民生活基礎調査」
（注）2020年は調査中止

65歳以上の人がいる世帯のうち、ひとり暮らしの高齢者は1975年には8・6％にすぎなかった。そんな社会では、「ひとり暮らしをしている高齢者はかわいそうな存在」だったのだ。

1986年調査の内閣総理大臣官房広報室「老人福祉サービスに関する世論調査」では、年をとって寝たきりの病気になった場合、実際の身の回りの世話をしてもらいたい人として、「配偶者」を挙げた人が35・4％で、次いで「娘」（16・7％）、「息子」（12・1％）、「嫁」（11・6％）となり、「病院、特別養護老人ホーム等の施設」を挙げた人は11・0％にとどまった。しかも「家族だけで身の回りの世話をできると思いますか」という質問に対しては、「十分でき

死に場所の変化（構成割合）

(%)

年次	病院	診療所	介護老人保健施設	助産所	老人ホーム	自宅	その他
1955	12.3	3.1	—	0.1	—	76.9	7.7
1960	18.2	3.7	—	0.1	—	70.7	7.4
1965	24.6	3.9	—	0.1	—	65.0	6.4
1970	32.9	4.5	—	0.1	—	56.6	5.9
1975	41.8	4.9	—	0.0	—	47.7	5.6
1980	52.1	4.9	—	0.0	—	38.0	5.0
1985	63.0	4.3	—	0.0	—	28.3	4.4
1990	71.6	3.4	0.0	0.0	—	21.7	3.3
1995	74.1	3.0	0.2	0.0	1.5	18.3	2.9
2000	78.2	2.8	0.5	0.0	1.9	13.9	2.8
2005	79.8	2.6	0.7	0.0	2.1	12.2	2.5
2010	77.9	2.4	1.3	0.0	3.5	12.6	2.3
2015	74.6	2.0	2.3	—	6.3	12.7	2.1
2020	68.3	1.6	3.3	0.0	9.2	15.7	1.9
2022	64.5	1.4	3.9	—	11.0	17.4	1.8

資料：厚生労働省「人口動態統計」　(注)1990年までは老人ホームでの死亡は，自宅又はその他に含まれる。

ると思う」(13・4%)、「なんとかできると思う」(49・2%)と合わせて6割以上が可能だと回答した。

　三世代同居が当たり前だった時代には、高齢者介護は家族の役割だと多くの人が考えていたし、実際になんとかなっていたのだ。

　厚生労働省「人口動態統計」によれば、1970年に亡くなった人のうち、自宅で亡くなった人は56・6%と過半数を占めていたが、1980年には38・0%と大きく減少し、代わって病院で亡くなった人が52・1%と半数を超えた。わずか10年間で、死に場所が自宅から病院へと変わった。ちょうど三世代同居が半数を切った時と合致している。

死に場所が自宅から病院へと変わった背景には、三世代同居の減少で、「介護や看取りが家族の役割ではなくなった」ことが大きく影響している。

出産も自宅から病院や診療所へシフトした

また、生まれる時も同様で、現在は病院や診療所などで出産することが当たり前になっているが、1955年には8割以上が自宅で誕生している。しかし1960年には49・9％と半数を切り、1965年には16・0％と、10年間で、出生場所が自宅から医療機関へと、ダイナミックに変化したことがわかる。

1948年に制定された「保健婦助産婦看護婦法」では、産婆は助産婦（現在では助産師）に名称が変わり、3年後の法律改正によって、看護婦（現在では看護師）の免許を持った人だけが助産婦コースへ進めるようになった。その結果、「最新の医療設備が整った病院で、医師の指示のもとで出産すること」が当たり前とされるようになった。

実際、「人口動態統計」によれば、乳児死亡率は、出生千人に対し、1940年には90・0だったが、1950年には60・1、1960年には30・7、1970年には13・1と、1950年代から60年代にかけて、大幅に低下したことがわかる。

自宅で出産していた時代は、医療体制が整備されていないので母体や乳児に生命の危険が伴

自宅で出産、死亡した人の割合

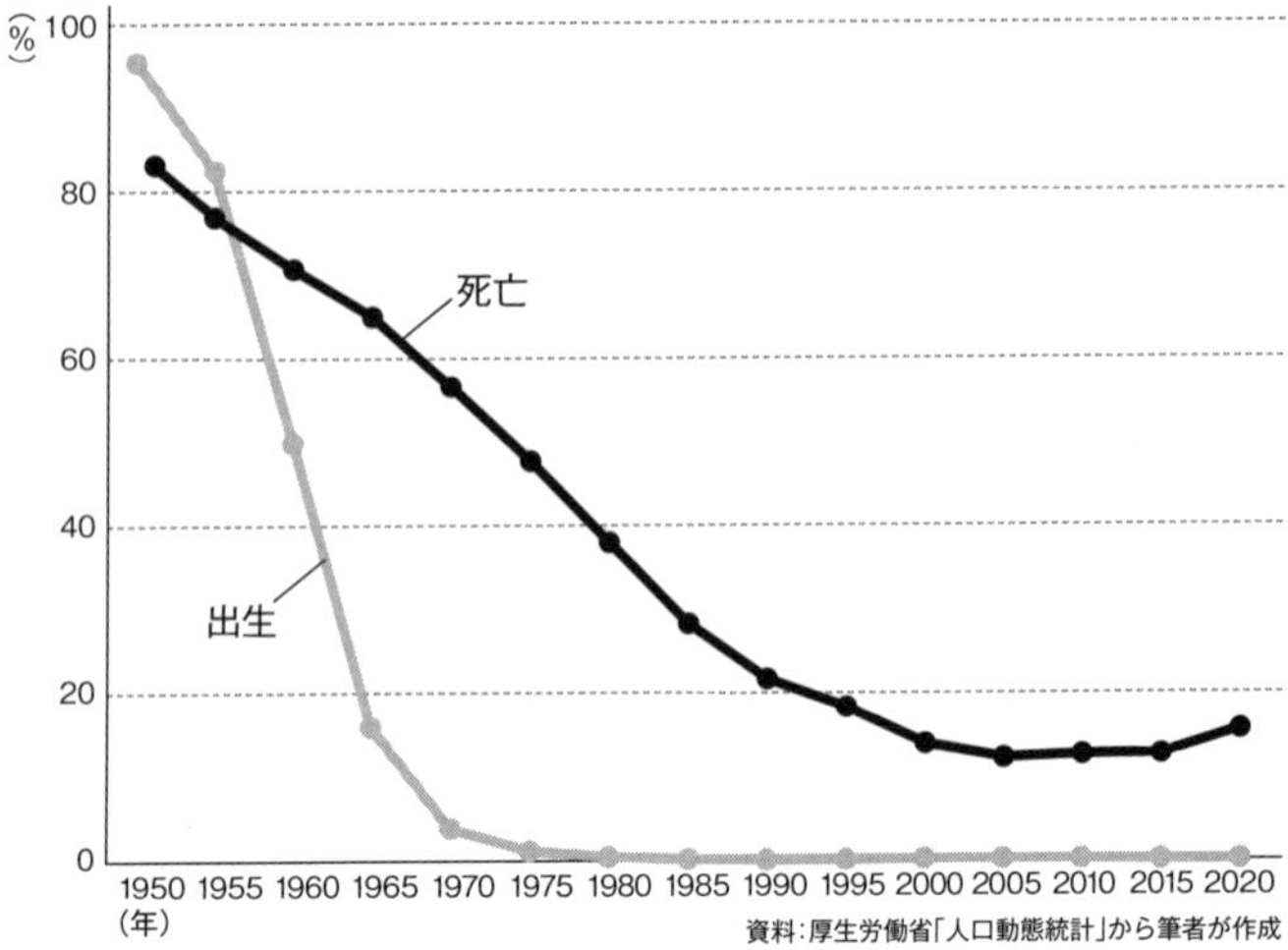

資料：厚生労働省「人口動態統計」から筆者が作成

った反面、近所に住む産婆さんを中心に、同居する姑、出産経験豊富な近所の人などが出産に立ち会い、産湯を沸かしたり、出産後の母親の世話をしたりした。産婆さんは、出産のサポートをするだけでなく、育児の先輩として、新米母親の育児のサポートや、乳児のその後の成長を見守る身近な存在だった。

病院で出産するのが当たり前になった現在は、「立ち会い出産」という言葉があるように、配偶者や母親が立ち会うかどうかは、妊婦の意向次第だ。なかでもコロナ禍では、日本産婦人科医会の2022年調査によれば、分娩を扱う全国の医療機関のうち、「産後の面会中止」が77・0%、「立ち会い分娩の中止」が63・2%、「母親学級中止」が62・7％と、多くの医療機関で、出産前から出産後までのサポートを中止したことが明らかになっている。このことから、感染症対策を理由に、ひとりで出産した人が多かったことは想像に難くない。

ほとんどの人が70代までに亡くなっていた１９８０年

１９８０年には、亡くなった男性のうち80歳以上だった人の割合はわずか22・３％、女性でも36・９％にとどまっており、ほとんどの人は70代までに亡くなっていた。

日本には、60歳の還暦以降、70歳の古希《こき》、77歳の喜寿《きじゅ》、80歳の傘寿《さんじゅ》、88歳の米寿《べいじゅ》、90歳の卒《そつ》寿《じゅ》と、長寿を祝う習慣があるが、かつてはそんな年齢まで生きる人が滅多にいなかったからこそ、長寿は盛大にお祝いをしていたのだ。１９８０年には、80歳の傘寿を祝ってもらう高齢者はほとんどいなかったが、２０２２年には、80歳以上で亡くなった人は、男性で57・５％と過半数を占め、女性では78・０％とほとんどの人が傘寿を通過している。

また厚生労働省「簡易生命表」で65歳時の平均余命の推移をみると、この50年間で男女ともに10歳近くは余命が延びている。高齢者として生きる期間が20年以上もある昨今と違い、40、50年前は、せいぜい10年の余生しかなかった。後の章で触れるが、高齢期の生き方において、この10年の延伸は大きな影響を与えている。

現在、介護は家族よりも専門家に頼むのが当然という意識

では、現在はどうか。内閣府が2022年に実施した「高齢者の健康に関する調査」によれば、将来、排せつ等の介護が必要な状態になった時、誰に介護を頼みたいかをたずねた質問で

亡くなった人の年齢の割合 (%)

	80歳以上		90歳以上	
	男性	女性	男性	女性
1970年	15.0	28.1	1.3	4.2
1980年	22.3	36.9	2.5	6.8
1990年	30.5	48.3	4.9	11.9
2000年	33.4	56.3	7.5	19.6
2010年	44.1	68.1	11.0	31.1
2020年	54.2	75.8	17.2	41.0
2022年	57.5	78.0	19.4	43.7

資料：厚生労働省「人口動態統計」

65歳時の平均余命 (年)

年次	男性	女性
1970	12.50	15.34
1975	13.72	16.56
1980	14.56	17.68
1985	15.52	18.94
1990	16.22	20.03
1995	16.48	20.94
2000	17.54	22.42
2005	18.13	23.19
2010	18.74	23.80
2015	19.41	24.24
2020	19.97	24.88

資料：厚生労働省「簡易生命表」

は、「ヘルパーなど介護サービスの人」（46・8％）と回答した人が最も多く、「配偶者」（30・6％）、「子」（12・9％）、「子の配偶者」（1・0％）が続いた。1986年の調査では外部サービスの専門家に依頼したいと考える人は1割しかいなかったが、昨今では、介護は家族よりも専門家に頼むのが当然だという意識が浸透している。

一方、介護が必要になったら配偶者に依頼したいと回答した人は3割程度いるが、性別でみると、男性では50・8％、女性では12・5％と、男女で大きな差がある。しかし男性も特にこの20年間、長生きして亡くなる人の割合が増えている。2000年に亡くなった男性のうち、80歳以上だった人は33・4％しかいなかったので、妻はまだなんとか夫を介護できる年齢だったが、2022年には57・5％と過半数が80歳以上で亡くなっている。男性の長寿化で、妻はもはや夫を介護できる年齢ではなくなっており、現実は、介護サービスに頼らざるを得ない。

死後の処置は家族の役割で、ノウハウを学校で学んでいた

亡くなるときも、家族から専門家への移行は同様だ。少し古いが、大正時代の家政学書『家政講話』には、臨終が近づいたら、寝床をきれいに整頓し、静かに臨終を遂げさせ、医師の死亡診断を経て、衣類を脱がせて消毒薬で全身をぬぐい清めるといった手順が記載されている。また、高等女学校などで使われた『応用家事教科書』にも、呼吸が切れたら医師の検診を受け、

遺体を仰向けにして目と口を閉じ、消毒薬で全身をぬぐい、衣服を着替えさせ、白布で覆うという手順が細かく書かれてある。死人の看取りや死後の処置は家族の役割であり、そのノウハウを学校で学んでいたのだ。

しかし病院で亡くなるのが当たり前になると、湯かんをしたり、服を着せ替えたりという作業は、家族の役割ではなく、外部サービス化されていった。

私の曾祖母が祖父母の自宅で40年ほど前に亡くなった時、水に湯を足して「逆さ水」を作り、みんなで遺体を拭き、曾祖母が生前に自分で縫っていた死装束を着せたことを覚えている。その時代は、逆さ水で全身をきれいにすることを「湯かん」と呼んだが、昨今では、葬祭業者が、遺体を湯舟のなかに入れ、体や頭髪を洗うことを指すようになっている。

病室で亡くなる人が増えると、看護師が故人に装着されていた医療器具や管をはずし、排泄物などを処理し、全身をアルコールでの清拭をおこなうので、それを「湯かん」としたケースも多かったが、昨今では、葬祭業者の熱心な売り込みもあり、「最後のお風呂に入れてあげよう」と、葬祭業者に湯かんを依頼する遺族も少なくない。湯かんの費用は5万円から10万円程度かかるが、葬祭業者にとっては、貴重なオプションサービスとなっている。

納棺師は、『おくりびと』という映画が大ヒットして以来、広く知られるようになったが、遺体を湯かんし、死装束を着せ、故人が女性なら化粧をしたり、男性ならひげをそったりして、身支度をさせるのが役目だ。こうした役割は、かつては家族が担っていたが、業者はこれを「納棺の儀」として仕立て、遺族はプロに任せるのが当たり前だと思うようになっている。

その背景には、祖父母や親が、老いて、病に倒れ、死んでいくという姿を日常のなかで見なくなったこともある。病院では、家族が付き添って看護することは、医療保険制度上は原則禁止とされているし、介護や看取りもプロの手にゆだねられるようになっている。

しかし1970年頃には、家族だけで介護をした人を表彰する制度が自治体で次々に誕生しており、家族介護は美徳であるとされていた。例えば高知県では、表彰の対象者は、30歳以上なら5年以上、30歳未満なら1年以上、「寝たきり老人」の介護をしている嫁と孫嫁で、「常に強固な意志と信念を持って明るく誠実な生活を営み、人格円満で寝たきり老人の介護に心身共につくしている模範的な嫁」とされた。86年から対象を「模範嫁」から「優良介護家族」に変えたが、表彰制度自体は93年まで続いた。

医療の高度先進化により簡単には死ねない時代に

日本では、医療が日進月歩で高度先進化している。例えば、腎不全による慢性透析療法を必要とする患者は、日本透析医学会の集計によれば、2022年末で35万人近くもおり、1997年の17・5万人近くと比較すると、この25年間で2倍に増加している。

慢性透析患者の年齢層では、１９９０年代までは50代が最も多かったが、２０００年以降、75歳以上の後期高齢者の割合が急増し、２０２２年末では、患者全体の39・3％を占めている。患者の平均年齢をみても、２０００年には61・19歳だったが、２０２２年には69・87歳にまで延びている。

２０２２年末時点での平均透析歴は男性６・91年、女性８・48年だったが、透析歴の長い患者が増加しており、10年以上の透析歴をもつ患者が27・６％にも達する。２００３年末時点での慢性透析患者の平均余命は、60歳男性で９・87年、60歳女性で11・31年だったが、２０２０年には、60歳男性で12・３年、60歳女性で14・３年となっており、日本全体の平均余命（60歳男性24・21年、60歳女性29・46年）に比べると大幅に短いものの、透析療法の進歩によって、患者の余命が延伸していることが明らかになっている。

それ自体は喜ばしいことであるものの、透析医療は、慢性腎不全が根治できる療法ではなく、生命維持のための医療であり、中止すると数日から２週間ほどで死に至るという。そのうえ、週３回、１回４時間もかかる透析を受け続けなければならない状態は、患者にとって、時間的にも体力的にも日常生活を送るうえで大きな負担となる（慢性透析の医療費は年間で一人あたり５００万円ほどかかるが、そのほとんどが公的医療助成制度でカバーされているものの、医療機関が近くになければ、交通費の負担が大きくなる場合もある）し、食事療法や病院への送り迎えなど、家族の負担も少なくない。

日本人の死因で一番多いがんについても、医療の進歩で10年生存率は高くなってきている。国立がん研究センターが2010年に全国のがん拠点病院などでがんと診断された患者を調査したところ、がん全体での10年生存率は53・3%だった。がんは、早期発見すれば根治できる病気ではあるが、日本で罹患者が多い「大腸がん」では、進行がかなり進んだステージ4でも、10年生存率は11・2%もあった。つまり、がんのステージ4だと診断されても、「終末期」であるとは必ずしも言えないということである。

2. お葬式の変化

1990年までは自宅でお葬式をした人の割合が半数近く

介護や看取りが外部化されたことや医療の高度先進化で大きな病気を患っても長生きできるようになったことにより、その後の葬送のあり方にも大きな変化がみえる。以下では、葬送がどのように変容してきたのかをみていきたい。

自宅で亡くなる人が多かった1980年代までは、そのまま自宅でお葬式をするのが当たり前で、地域のみんなが総出でお葬式を手伝う風習があった。私は高度経済成長期に開発された新興住宅地で生まれ育ったが、銀行を「寿退職」したという専業主婦が町内には必ずひとり二人はおり、故人の自宅前に張られたテントのなかで、香典を数える担当をしていた。ほかの女性陣は、故人の家の台所に上がり込んで、弔問客にお茶を出すなど、近所の女性陣がお葬式の裏方を担っていた。

子どもの頃、同じ通りの高齢者が亡くなって、テントや幕を張る準備をしていたり、お通夜をしたりしている時間帯に登下校するとき、元気よく挨拶していいのか、下を向いて通るべきなのか、戸惑った記憶がある。特に霊きゅう車が故人宅前にスタンバイし、自宅から遺体が出棺されるのを近所の人たちが待っている時は、子ども心にもその前を通ってはいけない気がしたし、私の母は、回覧板に書かれた出棺時間に合わせ、故人の自宅前で見送るためだけに喪服に着替えていたこともあった。

普段は、門の外か、せいぜい玄関先で立ち話をする程度の近所付き合いなのに、お葬式が出ると、弔問へ出かけた私の母は、帰宅すると、「あの家の台所のモノが多かった」だの、「親族がどうしたこうした」など、見聞きしてきた情報を私たち家族に話していた。どこの家でも、同じような光景が展開され、うわさ話が広がっていったに違いない。

遺体が自宅から出棺され、遺骨が火葬場から戻ってくるまで、近所の人たちが故人宅の留守番をする慣習がある地域では、言い方は悪いが、野次馬根性で家の中を見物する人たちもいただろう。三世代同居が多かった時代だから、留守宅の内部を近所の人に見られるのは「お嫁さん」にはつらいことだったに違いない。私自身、死生学の研究をはじめてから、こうしたお葬式を経験した女性たちの不平不満を数多く聞いてきた。

全日本冠婚葬祭互助協会が実施した調査によれば、1990年までは自宅でお葬式をした人の割合は半数近くを占めていた。しかし1991年以降、自宅葬は減少の一途をたどり、2011年以降はわずか4・6%となった。代わって葬儀会館（セレモニーホール）でお葬式をおこなう人の割合が増加し、1970年代は19・4%だったのが2011年以降には85・6%となっている。いまや葬祭業者の存在なくしてはお葬式ができない状況にあり、セレモニーホールでお葬式をすることが当たり前になっているが、これはある意味、お葬式の裏方を担ってきた女性たちの解放でもある。

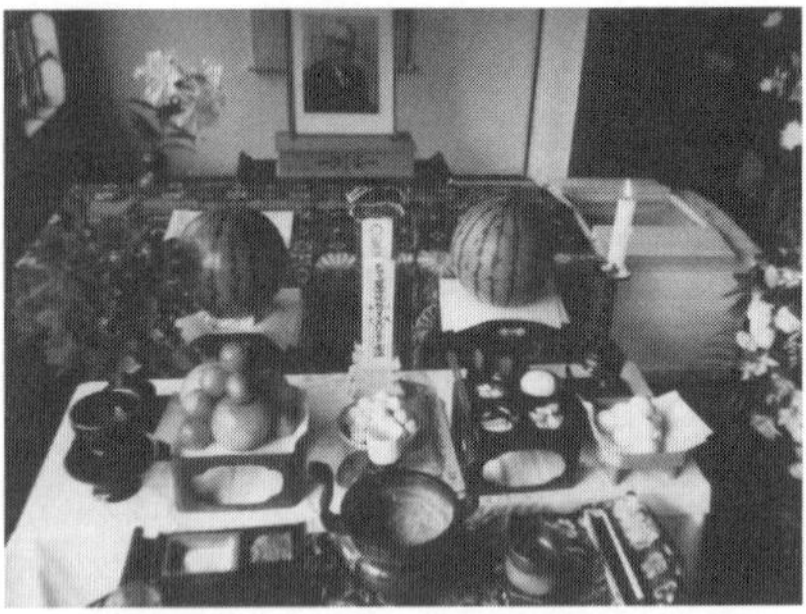

自宅で葬儀をおこなっていた時の祭壇は簡素だった

お葬式は外注され見栄や世間体を重視した儀式に

しかし、近所の互助で成り立っていたお葬式が、葬祭業者へと外注されるようになると、会社関係者など義理で弔問する人たちを大勢受け入れられるようになり、お葬式は見栄や世間体を重視した儀式となっていった。祭壇の変化がそのひとつだ。

この写真は、私の祖父が亡くなった時の祭壇の様子だ。自宅でお葬式をしていた時代の祭壇は、このようなシンプルなものであったが、お葬式の場所が自宅からセレモニーホールへと移行すると、見栄や世間体を重視した、立派で豪華な祭壇が作られるようになった。

「故人の顔も名前も知らないが、故人の子どもと仕事上の取引がある」といった関係で、お通夜に参列することも一般的になった。営業職の人は、取引先への香典は接待交際費で計上できたし、お通夜の会場に名刺を置いてきたり、記帳したりすることで、遺族に対して「弔問しましたよ」という証拠を残すことが、仕事のひとつになっていた。遺族の側も、仕事関係の参列者に失礼がないように、お通夜には寿司やビールをふるまい、接待に注力した。

そもそも、お通夜は、大切な人の死を受け入れるための大切な時間で、本来は、身内だけでおこなわれる私的な儀式だ。ところが、1980年代以降になると、会社関係者や友人など、身内ではない人の参列が一般的になった。お通夜ならば仕事帰りに平服で行け、お焼香をして、下世話な話だが、遺族から寿司とビールまでふるまわれる。お通夜の席で同級生や同僚などと遭遇すると、「帰りに駅前で一杯やるか」などとなることも多かった。

一方、翌日の葬儀告別式は、日中におこなわれるため、参列するには、仕事を休むか、抜け出さなければならないし、喪服を着用しなければならない。おまけに出棺を見送るためには、お焼香をしてすぐに帰るわけにはいかず、拘束時間が長くなる。そんな参列者の都合で、お通夜の本来の意味が失われていき、お通夜の参列者の方が、翌日の葬儀告別式よりも多い儀式となっていった。

景気が良くなるとお葬式が派手になる傾向

そもそも歴史的にみれば、景気が良くなるとお葬式が派手になるという傾向があった。

戦争が終わった直後の1940年代後半から50年代半ばには、「新生活運動」が全国的に流行した。冠婚葬祭、贈答などの虚礼を廃止し、生活を合理化、近代化しようという考え方を指

冠婚葬祭簡素化運動の掲示（撮影　2024年7月）

す。お葬式ではお香典や香典返し、花輪などを自粛する動きがあった。今でも、沖縄では香典を1000円と取り決めている集落が多いし、群馬県高崎市や埼玉県入間《いるま》市のように、市役所のホームページで、香典の上限を示している自治体もある。例えば高崎市の場合、「香典は、1000円にしましょう」「お返しは辞退し、礼状のみ受け取るようにしましょう」「施主は会葬の御礼状を用意し、お返しは用意しないようにしましょう」「通夜では弔問者にお清め（カップ酒、砂糖等）は用意しないようにしましょう」と市民に呼び掛けている。

ところが高度経済成長期になると、いつの間にか新生活運動の考えは衰退し、お葬式は派手になっていき、1980年代後半からのバブル景気には盛大で派手なお葬式が増えた。例えば、出棺のときに白いハトを飛ばす「放鳥の儀」はこの頃に登場したし、自宅や葬儀会館などの入り口には水車やつくばいなどを配置し、家紋入りの灯ろうを飾った。

大阪の冠婚葬祭互助会でおこなうお葬式では、出棺のとき、シンセサイザーの音楽が流れ、スモークとレーザー光線が照射されるなか、僧侶とひつぎを乗せた電動カートが進み、その背後を遺族が歩くといった演出もあった。ちょうど結婚式も派手になった時期で、大型結婚式場ではゴンドラやスモーク、レーザー光線やキャンドルサービスが定着した。ハデ婚、ハデ葬が当たり前の時代だったのだ。

バブル景気の頃は、長い戒名や祭壇の前に僧侶が何人も並ぶ、という光景も珍しくなかった。式場に誰からの花輪が飾られているか、誰から弔電がきているかは参列者の関心事項だったし、遺族にとっては、誰もが知っている大会社や有名人から贈られた花輪や弔電で、一種の虚栄心を満たした。地方では、訃報を地元新聞に掲載すると、故人や遺族と面識のない市議会議員や県議会議員、国会議員から弔電が届くこともある。「選挙が近づくと、たくさんの政治家から弔電が届く」と揶揄《やゆ》されたものだ。遺族の側は、面識がないにもかかわらず、著名な政治家の名前を読み上げ、「こんな人からも弔電がきています!」と参列者にアピールした。景気が良い時代の結婚式やお葬式は、見栄や世間体が色濃く反映されていた儀式だった。

しかしバブル崩壊とあいまって、地域のつながりが薄れ、お葬式に見栄や世間体を重んじる必要がなくなった。訃報の回覧板は町内にまわってこなくなり、知らせたとしても、お葬式や火葬が終わった後に、というケースが増えている。

北海道では町内会長が葬儀委員長を務めるという習慣があったが、新興住宅地では、「知らない町内会長にお願いしたくない」という遺族が増え、こうした習慣が消滅しつつある。

地域のつながりが薄れ、お葬式の参列者の数が減少

また2000年以降、家族葬の急速な普及により、お葬式の参列者の数が減っている。

公正取引委員会が2005年に全国の葬儀業者に調査をしたところ、5年前と比較して「参列者が減少した」という業者は67・8%だったが、2016年には86・8%に増加している。葬祭業者が、過去2年間にお葬式を出した遺族におこなった調査では、お葬式の平均参列者数は、2013年には78人だったが、2015年に67人、2017年には64人、2020年には55人、コロナ禍の2022年には38人となり、わずか10年間で参列者は半減している。

こうした変化の背景にあるのは、地域のつながりが薄れたことにある。戦前までのお葬式には、家督相続者である次の家長のお披露目をするという役割があり、結婚式と同様、「家の儀式」と考えられてきた。

そのため、誰が喪主を務めるかがとても大事だった。夫が亡くなった時、妻が存命であっても、息子が喪主をするのがかつては一般的だったのは、そのためだ。2005年に大相撲十一代二子山親方が亡くなった時、第一子である長男か、父親の仕事を継いだ次男のどちらが喪主

をするかでもめたことがメディアで報道された。これも、お葬式は喪主である跡取りのお披露目であると考える人たちがいることの事例だろう。

戦後何十年経ってもこうした価値観は継続し、お葬式と結婚式には、長らく見栄と世間体が重視されてきた。

ところが、先祖の仕事を代々継承するというライフスタイルが減少し、いわゆる会社勤めの人が増えると、地域の人たちや仕事関係者に、お葬式の時に次の家長のお披露目をする必要が薄れた。その結果、お葬式が社会的な儀式ではなくなっているのだが、見栄や世間体の意識だけは残っている。

とはいえ、前述のように、特に2000年以降、男女ともに死亡年齢の高齢化が進んでいる。90歳を超えて亡くなる人が多いということは、子ども世代も多くは60歳以上となっている。日本のことわざに「老いては子に従え」があるが、これからの時代は、「老いた時には、親族も子どもも高齢者」という時代だ。故人の友人も超高齢だろうし、故人の子ども世代もすでに定年退職するなどしており、社会とのつながりが少なくなるため、お葬式に参列する人が少なくなる。言い換えると、超高齢で亡くなると、必然的に家族や親族だけでのお別れになる傾向にあるのだ。

家族葬、一日葬、直葬……葬儀はどんどん小規模化

それでは、規模が小さなお葬式とはどんなお葬式なのだろうか。

かつては、お通夜は家族や親族だけで執りおこなう儀式で、身内以外は葬儀告別式に参列するのが一般的だった。ところが、親族を中心とした家族葬が主流になってくると、お通夜も告別式も、同じ顔触れで儀式をすることになってしまう。ならば、お通夜と告別式を一緒にして、一日で終えようというのが、ワンデーセレモニー（一日葬）だ。

昨今、一族郎党が同じ地域に住んでいるとも限らず、遠方からやってくる場合、お通夜から告別式まですべてに参列するためには、宿泊をしなければならないこともある。時間も交通費もかかるうえ、参列者が高齢や闘病中であったり、家庭の事情などで、宿泊が難しいケースでも、ワンデーセレモニーであれば、一日で火葬まですべて終わるので、高齢や遠方の親族への負担を軽減できるかもしれない。

さらにコロナ禍以前から、大都市部では火葬のみで済ませる「直葬《ちょくそう》」が3割程度を占めていた。家族数人しかいないのであれば、葬儀会館で祭壇を作ってお葬式をする必要もないと考える人もいる。法律で定められていることは、死後24時間以内の火葬の禁止と、死亡を知った日から7日以内の死亡届提出の2つだけだ。儀式をせずに、家族だけで故人と一緒に、火葬まで

の最後の時間を過ごす「直葬」を望む人も増えている。

こうみてくると、葬儀はどんどん小規模化、消滅の傾向にある。20年ほど前、葬祭業者の経営者たちの勉強会に呼んでいただいたことがあるが、「これからの葬儀は小規模化していくだろう」と話したら、「これからは老後が長くなり、活動的な高齢者が増えるので、葬儀の参列者は増えるはずだ」と、ある経営者に反論された。結果、どうだろうか。

私の説が正しかったなどと言いたいのではなく、この20年間で、葬儀の意味合いが、社会的な儀式から、身内を中心としたプライベートな儀式へと変わったのだ。これまでは、前述したように、お葬式は景気が良くなれば派手になり、景気が悪くなると地味になるという経緯をたどっていたのだが、2000年以降は、景気とは関係なく、お葬式をおこなう意味が変容してきたといえる。

しかも、お葬式に参列する人たちと故人との関係がどんどん密になっているのが最近の傾向だ。義理で参列する外野が少なくなり、参列者は血縁者が中心となっている。しかし一概に血縁者といっても、それが意識の上で、「家族」であるとは限らない。例えば、家族葬という言葉はすっかり市民権を得たが、これは、具体的には誰が参列するお葬式だろうか。

私の知り合いは、末期のがんで闘病していた弟のお見舞いに、毎月病院へ行っていたというが、ある日、弟の妻から「故人の遺志により、家族葬ですませた」というはがきが届き、驚愕したという。前の月に病院へ見舞ったが、その後、体調が急変し、亡くなったらしい。知り合いは、弟の訃報をこんな形で知らされたことよりも、「自分は家族葬に参列する立場ではないのか？」ということに納得がいかなかったそうだ。

ペットのお葬式の様子

最近では、「亡くなった祖父母を家族葬でするから」と、孫が参列しないケースもある。実際、私が大学の講義のなかで家族をテーマに取り上げると、多くの学生は「おじいちゃんやおばあちゃんは家族ではない」という。先日は、「飼っているメダカは家族だけれど、祖父母は親戚」だと発言した学生がいて、びっくりした。一緒に住んでいる（いた）かどうかが、自分にとっての家族か、親戚かの分かれ目なのだろう。三世代同居が減少し、祖父母とは年に数回会うだけの関係になると、祖父母は、おじやおばと同じく、親戚であるという感覚になっても、不思議ではない。

しかも、もはや家族は人間であるとも限らない。前出の学生の発言のように、飼っているメダカがペットだという人もいるが、犬や猫には名前をつけるので、家族の一員であるという意識が強いのは当然だろう。先日、フィリピン人の私の友人が9年間飼った犬に先立たれ、お葬式をしたことからも、国籍や宗教が違っても、ペットが家族であるという感覚は同じだし、「家族」である以上、死別した悲しみは、犬か人間かでは違いがないことがわかる。

自分のきょうだいが家族だという認識をしていない

意識の上で「家族」の概念が変化しているのは、若い世代だけではない。大人の多くが、自分のきょうだいが家族だという認識をしていない。子どもの頃は家族だったはずのきょうだいが、それぞれが成人して結婚すると、家族であるという意識が薄れてしまう。

きょうだいや祖父母が家族ではないのであれば、家族の範囲は親子（と人によってはペット）に限られてしまう。しかし、多くの日本人は「困った時には家族だけが頼り」でも、「家族に迷惑をかけたくない」と思っている。少子化で子どもの数が減っているのだから、家族の人数は、必然的に減少しており、親が自立した生活ができなくなった後、子どもひとり当たりにかかる負担は大きくなっている。

前出した65歳以上の世帯の状況では、ひとり暮らし高齢者が増加しているが、「老親と未婚の子」の住まい方も年々増えており、2023年には20%を占めている。このなかには、結婚して家を出ていった子どもは育児で大変だという理由で、老親の世話や介護の負担が、同居の未婚の子に重くのしかかっているケースも相当あるだろう。厚生労働省「雇用動向調査」によれば、「介護・看護」を理由として離職するいわゆる「介護離職」をする人は、2013年以降急増し、2017年には9万人を超えた。ここ数年は減少しているとはいえ、2022年には7・3万人もおり、介護をする家族の負担が大きいことがわかる。

しかも生命保険文化センター「2021年度生命保険に関する全国実態調査」では、介護期間は平均で61・1か月と5年以上となり、4年以上介護する（した）人の割合は半数を超えていた。健康寿命と平均寿命の差を単純に計算すると、男性が8年以上、女性では12年以上もあるので、介護期間が10年以上あるケースも少なくないだろう。

終活がブームとなり、シニアのたしなみに

この15年ほど、終活がブームだ。終活とは、人生の終わりのための活動の略語で、2010年「ユーキャン新語・流行語大賞」にノミネートされ、2年後の2012年には「ユーキャン新語・流行語大賞」トップ10入りを果たした。正確には、ブームというより、もはや、終活がシニアのたしなみとなったと言えるかもしれない。「何歳から終活をはじめるべきですか」という質問を私自身、よくされるようになった。

しかし少なくとも30年前までは、自分の死に方や死後について生前に考えておこうという人

は少なかった。それらは、残される家族が考えることがらだったからだ。そもそも、昨今のように選択肢がたくさんあるわけではなく、例えば、どんなお葬式をしようかなどと生前に考えなくても、どんな人が亡くなっても、地域の人たちが手伝いにきて、同じようなお葬式が執りおこなわれることが自明だった。

3．お墓の変化

引き取り手のない「無縁遺骨」は全国で6万柱以上

お墓も同様だ。人が亡くなれば、先祖代々のお墓に納骨する——。これが当たり前の光景でなくなりつつある。総務省が2023年に発表した調査によれば、市町村が保管している引き取り手のない「無縁遺骨」は全国で6万柱以上あるという。

そもそも日本では、葬送や死者祭祀は家族や子孫が担うべきだと考えられてきた。例えばお墓は、「慣習に従って祖先の祭祀を主宰すべき者が継承する」と、民法で規定されている。慣

火葬率の変遷

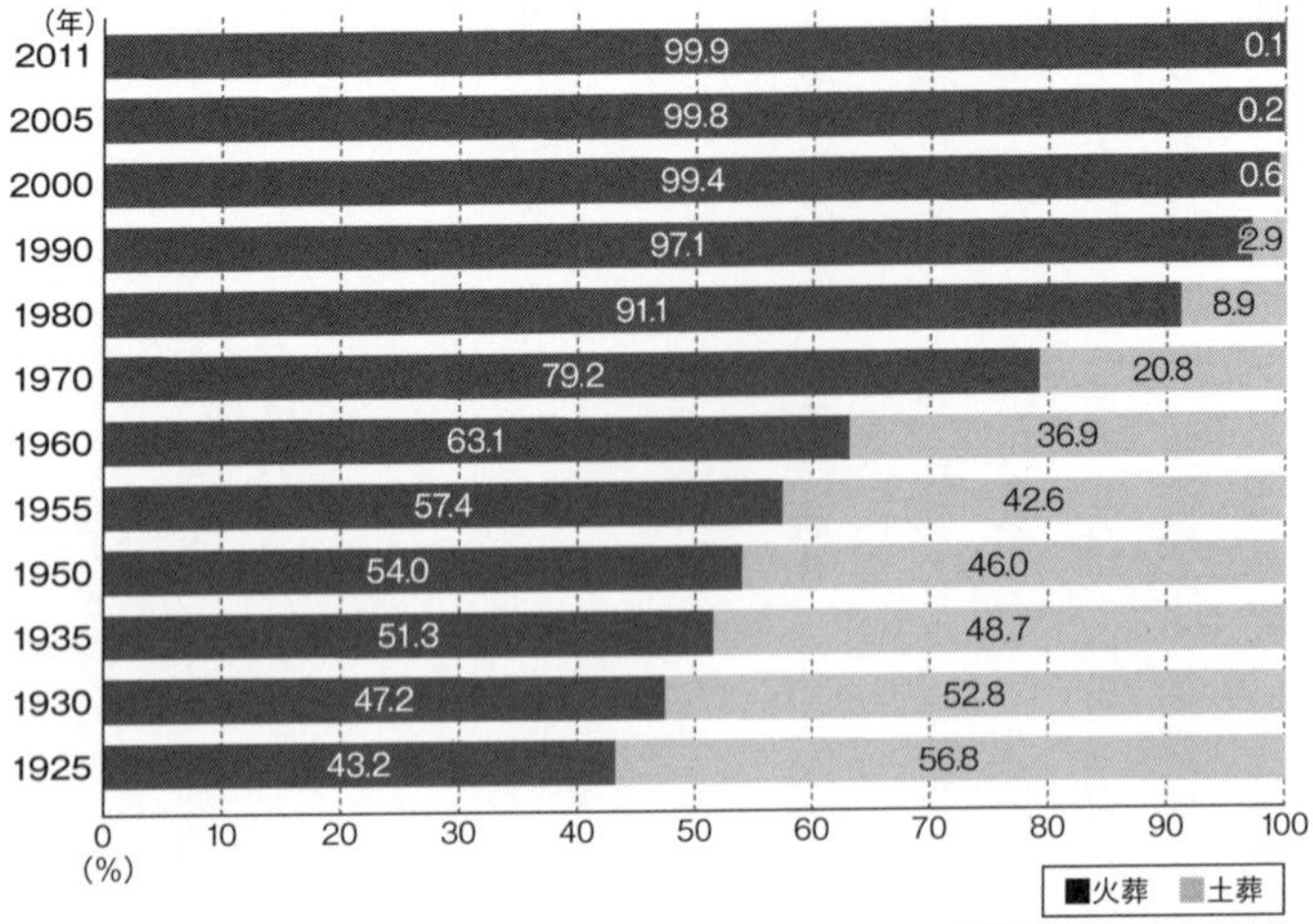

厚生労働省「衛生行政報告例」

習に従って祖先の祭祀を主宰すべき者とは誰か、までは法律には明記されていないが、多くの人は、長男がお墓を継承すると思い込んでいる。「次男や三男は新しくお墓を建てなければならない」、「結婚した娘は一緒のお墓に入れない」などと思っている人も少なくない。しかし公営墓地や民間霊園では、一緒のお墓に入れる人の範囲は、「6親等内の親族、配偶者、3親等内の姻族」とされているのが一般的だ。

そもそも「○○家の墓」のように、子々孫々で同じ墓石の下に遺骨を安置するようになったのは、火葬が普及してからのことだ。厚生労働省「衛生行政報告例」によれば、今でこそ火葬率は99・9％を超えているが、1970年には79・2％だったので、

50年前には5人に1人は土葬されていたことになる。子々孫々が同じお墓に入り、それを代々継承するシステムは火葬になってから誕生したのに、お墓の話になると、国民の多くが戦前の「家督相続」を想起する。苗字の違う表札が2つかかっている二世帯住宅の住まい方をおかしいとは思わないのに、結婚して苗字が変わった娘は実家のお墓に入れないと思っている人がとても多いのは、とても興味深い。

遺族から故人へのメッセージを刻む墓石が増えている

しかし、ここ20年から30年、お墓に対する意識は変容している。昨今、家名ではなく、「愛」「平和」などの単語であったり、「ありがとう」「偲」など、遺族から故人へのメッセージを刻んだりする墓石が増えている。音楽好きだった故人のために、楽譜を墓石に刻んだお墓やピアノの形をした墓石を建てる遺族もいる。こうしたお墓は、先祖をまつる場所というよりは、故人が生きた証や故人の死後の住みかと捉える意味合いが強い。

私は講演で、「もし自分でお墓を建てるとしたら、墓石に何と刻みたいか」と問いかけることがある。残される人へのメッセージなのか、自分の座右の銘なのか、自分の人生を表す言葉なのか、答えは人それぞれで面白い。

お墓の大きさも、都心では小さくなる傾向にある。1990年代初頭では、首都圏の民営墓

家名ではなくメッセージを刻む墓石

地で売り出されていた一般的な区画は3㎡だったが、2000年頃には2㎡の区画が中心になり、最近では1・5㎡に満たない区画が多い。30年前に比べると半分の大きさだ。もちろん、「先祖のために立派な大きなお墓を建てたい」という人もいるが、「小さくても故人らしいお墓を」と考える人も少なくない。

夫婦や家族などではなく、血縁を超えた人たちと一緒に入る共同墓や合葬墓を志向する人もいる。ここ数年、こうした共同墓を公営墓地に新設する自治体が増えているし、市民団体、寺院や教会等の宗教施設のほか、老人ホームなどの高齢者施設が運営する共同墓もある。ほぼ毎日、誰かの遺族が墓参にくるので、「いつも花がお供えされている共同墓の方がいい」という人もいる。

血縁を超えた人たちで入るこうした共同墓は、子々孫々での継承を前提としない点が特徴だ。寺院が運営する共同墓は永代供養墓と呼ばれ、寺院が子孫に代わって、故人の供養やお墓の維持管理をする。

またロッカー式の納骨堂は、厚生労働省「衛生行政報告例」によれば、東京都では2005年には納骨堂は310施設あったが、2010年には347施設、2022年には452施設にまで増加している。都心にあるビル型の室内納骨堂は、「駅近」「安い」「掃除不要でお参りが楽」がウリだ。

一方、お墓に納骨せず、海などに散骨する方法を望む人もいる。法律では墓地以外での埋葬は禁じられているが、散骨は遺骨を撒く行為であって、埋葬ではないため、違法ではないとされている。

現在、日本には散骨に関するルールはなく、散骨する人のモラルや業者の自主規制に任されている。2005年には、北海道の長沼町で、散骨を請け負う団体と住民との間でトラブルが起き、墓地以外に人骨を撒くことを禁じた「さわやか環境づくり条例」が施行された。現在、北海道岩見沢《いわみざわ》市、埼玉県秩父《ちちぶ》市、宮城県松島町などでも散骨は規制されており、静岡県の熱海《あたみ》市や伊東《いとう》市など散骨のガイドラインを定める自治体もある。

多様化の裏で無縁墓が増加する問題も露呈

しかしお墓の多様化の裏で、無縁墓が増加するという問題も露呈している。総務省が2022年、公営墓地を運営する765市町村を対象に調査したところ、無縁墓が1区画以上あると回答した自治体は58・2%に上った。

熊本県人吉《ひとよし》市では、2013年に市内の全995か所の墓地を調査したところ、4割以上が無縁になっており、なかには8割以上が無縁墓になっている墓地があった。東京都では2000年以降、年間管理料を5年間滞納し、親族の居場所がわからない無縁墓を撤去しているが、今後増える無縁墓対策として、撤去したお墓の遺骨を納められるよう、2012年に無縁合同墓を新たに整備した。

さらに昨今、先祖のお墓を引っ越す「改葬」が増えている。改葬の理由はさまざまだ。かつては、同じ集落に親族が住み、親戚づきあいが濃厚だったが、親族づきあいが希薄になってくると、遠くにあるお墓の掃除や管理をその地に住んでいる親族に任せていることを負担に感じ、お墓を近くに移したいと考える人もいる。遠くにあり、法事やお葬式以外は疎遠になっているお寺との付き合いをやめたいと、お墓をお寺から市営霊園などに移す人もいる。また子どもがいない、あるいは子どもはいても墓守の負担をさせたくないという理由で、継承を前提としない共同墓などに移したいという人もいる。

実際、厚生労働省「衛生行政報告例」によれば、無縁墓の撤去を除くと、2000年度には6・6万件ほどだった改葬件数は、2022年度には15万件超にまで増加している。

「この先、お墓を維持管理する子どもがいない」「子どもに負担をかけたくない」と、「墓じまい」をする人もいる。継承を前提としない共同墓などに遺骨を改葬するか、散骨するなどして、先祖のお墓を片付ける場合もある。

しかし墓石の撤去、遺骨の移動など、改葬や墓じまいにかかる費用は数十万円から数百万円と経済的負担は小さくない。また、お墓を引っ越すことを菩提寺に申し出たところ、「法外な離檀料を請求された」というトラブルが全国の消費生活センターに寄せられている。その結果、放置された無縁墓が増えるという悪循環が生まれている。

こうしたさまざまな問題の背景には、社会の変容がある。高齢世帯の核家族化が進み、子どもや孫と離れて暮らす高齢者が主流となっている。また特に2000年以降、死亡年齢の高齢化が進んでいる。90歳以上で亡くなり、死後20年以上経過すると、遺族の高齢化も進む。一緒に暮らしたことのない孫世代は、祖父母の墓参や年忌法要をしない可能性が大きい。生まれ育った場所に先祖のお墓がない人が増えると、墓参にかかる経済的、時間的負担は小さくないこともある。前述のように、孫世代は祖父母を「親戚」だと思っているのだから、90歳以上で亡くなった祖父母の三十三回忌を主宰するとは思えない。

そもそも50歳時未婚率が上昇し、遺族がいない死者も増えている。現にここ20年ほどの間に、引き取り手がおらず、無縁納骨堂に安置される遺骨が全国で増加している。日本では、死後、火葬をしたり、お墓に納骨したりする人がいない場合、自治体が遺族の代わりにおこなわなければならないことになっている。

自治体が引き受けた遺骨が全国で最も多い大阪市では、2022年には3149柱を市設霊園の無縁堂に安置した。これは、大阪市内で亡くなった人の9・2％にあたる。言い換えると、遺骨の引き取り手がいない死者は、10人に1人もいることになる。1990年には無縁堂に安置された遺骨は336柱だったので、この30年間で10倍近くにも増えている。

諸外国では遺骨の安置場所の機能が喪失する傾向

お墓は従来、遺骨の安置場所と遺族が故人を偲ぶ場所としての2つの機能を有していたが、SDGsや環境問題への意識の高まりを受け、前者の機能が喪失する傾向が諸外国では現実味を帯びている。遺体や遺骨を残さなければ、安置場所としてのお墓は必要なくなり、それが環境にも良いという考え方だ。

アメリカでは、遺体をコンポスト（微生物の働きによって発酵・分解させて堆肥にする）にすることを認める法案が2019年にワシントン州で初めて合法化され、現在、6州で認可されている。すでにコンポスト葬はスウェーデンでも認可されているほか、伝統的に土葬が主流で、儒教の意識が強く、お墓を大切にしてきた台湾や韓国でも、個別の大きなお墓を作らない選択肢が広がっている。

特に台湾では、行政主導でお墓のあり方が大きく変化している。公営墓地では、故人の名前を刻まない、墓石などの建造物は建てない、遺骨は火葬後に粉砕され、土の中で分解するコーンスターチで作られた専用箱に入れて埋葬するといった取り決めがあり、墓参時には線香を焚いたり、冥銭を焼いたりすることも禁じられている。行政は、遺骨安置場所としてのお墓をなくす代わりに、オンライン上で故人や先祖を偲ぶという新しい方法を提供している。現実のお墓をなくし、追慕はバーチャル空間でおこなうことで、費用を節約でき、自然にも優しいというメリットを行政が根気よく市民に説明してきた成果により、2015年以降、新しいお墓を選択する市民が急増している。

以上のように、現実の墓地が仮想空間のバーチャル墓地に移行する可能性は、多くの国に今後、広がっていくだろう。

第2章

〈ひとり死〉時代と健康長寿の先

1. 理想の死に方

畳の上で死ぬ＝当たり前の死に方をする

畳の上で死ぬのが本望。そんなことを言う高齢者は少なくない。畳の上で死ぬとはどういう意味だろうか。「そもそも自宅には、畳の和室はない」とか、「高齢になって寝起きが大変なので、布団を敷くのではなく、ベッドで寝ることにした」などという人は増えているだろうが、辞典『大辞泉』によれば、畳の上で死ぬとは、「事故死や変死ではなく、当たり前の死に方をする」とある。それでは、当たり前の死とは、どんな死に方なのだろうか。

1章で述べた通り、厚生労働省「人口動態統計」によれば、１９５０年には自宅で亡くなる人が年次死亡数の８割を超えていたが、その割合がどんどん減少し、１９７５年には半数を切り、２００５年には12・2％にまで下がった。この数年間は、自宅で亡くなる人の割合は若干、増加しており、２０２０年には15・7％、２０２２年には17・4％となっている。そもそも病院は患者を看取る場所ではないが、医療の高度化によって、「完治の夢を諦めず、病院で死ぬこと」が当たり前だという風潮が広がった。一方で、死亡者数の増加で、治癒の見込みがないいわゆるがん難民が、自宅で最期を過ごさざるを得ないというケースもある。

もちろん、だからこそ、住み慣れた自宅で最期を過ごしたいと考える人も増えている。昨年、私の親友の母親は、すい臓がんの末期で余命半年であると宣告されたが、がんの治療を一切しないと決め、亡くなる前日まで自宅で普段通りの生活をした。亡くなる3週間ほど前から腹水がたまるようになってはいたが、痛みがひどいわけではなく、急に立てなくなって意識が朦朧《もうろう》とした最後の日は、近所のかかりつけ医が何度か往診してくれた。たまたま私が亡くなる数時間前に駆け付けた時、かかりつけ医は「今夜が山ですね」と言って帰っていったが、酸素マスクだけを着けた母親が穏やかに亡くなった後、真夜中だったにもかかわらず、かかりつけ医が死亡確認にやってきた。

余命宣告後は、がんの治療も検査もしなかったので、がんが身体のどこに、どのくらいのスピードで転移していったのかは、誰にもわからない。患者が納得して治療を選択するには、自分の状態について知ることが欠かせないとはいえ、治癒できず、余命が限られている場合、それ以上の情報を必要としない患者もおり、そのことが最後のQOL（生活の質）には何ら影響しないどころか、むしろ最期まで普段通りの生活を送ることにつながったのかもしれないと、親友の母親の死から学んだ。

亡くなる1か月前まで、趣味の卓球をしていたというから、日常のなかで人生を自然に終えるという意味で、これこそが「畳の上で死ぬ」ことだろう。終末医療がどんどん高度に進化しているなか、親友の母親も余命を延ばすことが可能だったかもしれないが、「痛みや苦しみを感じながら、余命を延ばすことに意味を感じない」と、死後に見つかった書き置きに記してあった。うらやましい死に方だと思う。

ぽっくり死かゆっくり死、どちらがいいか

自分で死に方を選べるとしたら、「ある日、心臓病などで突然死ぬ」（ぽっくり死）がいいか、それとも「（寝込んでもいいので）病気などで徐々に弱って死ぬ」（ゆっくり死）がいいかと聞かれたら、みなさんはどちらがいいだろうか。

日本ホスピス・緩和ケア研究振興財団が2023年に調査した結果では、7割以上がぽっくり死を希望していた。年代別にみると、ぽっくり死を希望する人の割合は年代があがるにつれて増加し、高齢者ほどぽっくり死願望が多いが、過去の調査結果からも同じ傾向にあることが明らかになっている。

理想の死に方(自分の場合)

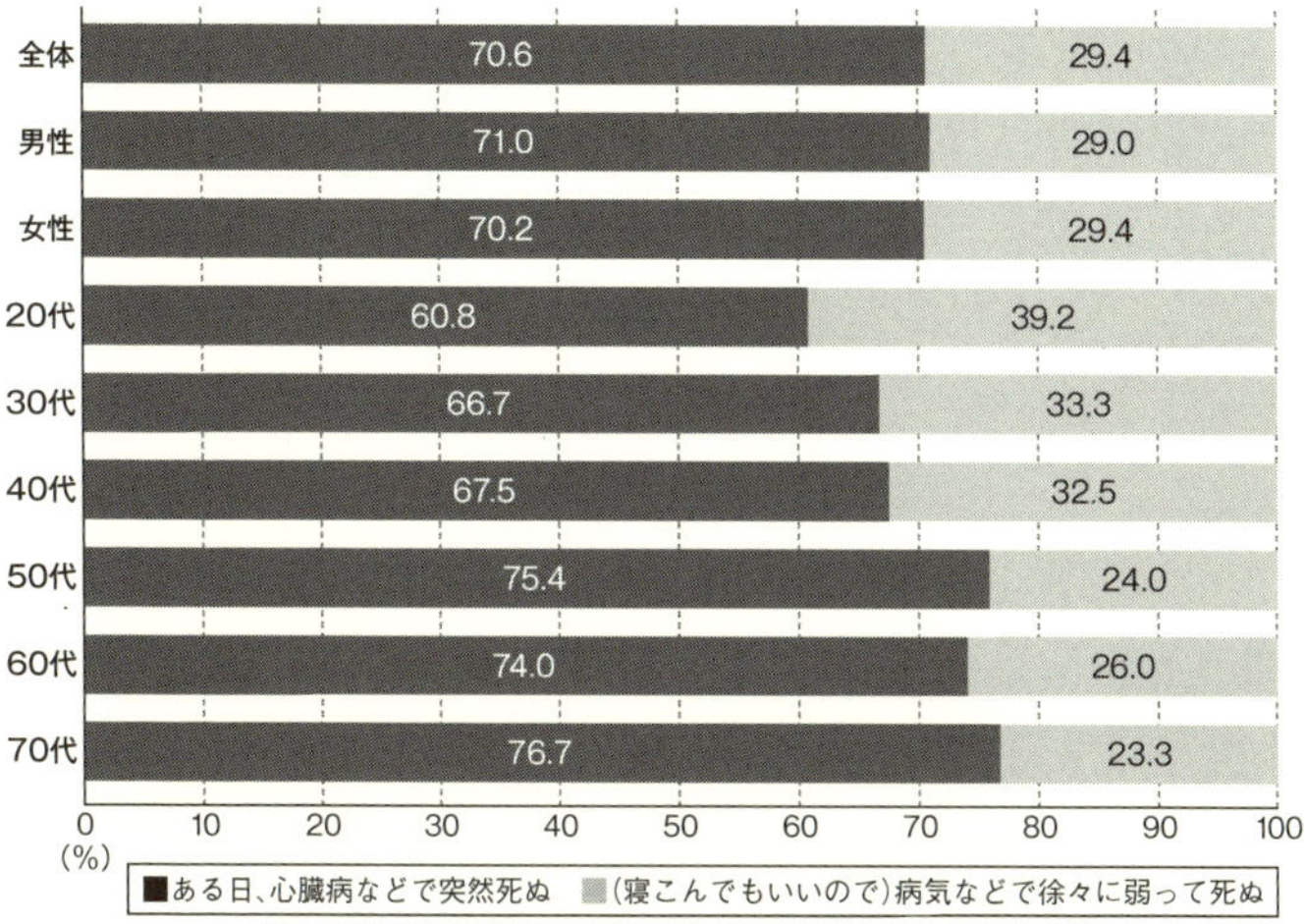

出典：日本ホスピス・緩和ケア研究振興財団「ホスピス・緩和ケアに関する意識調査　2023年」

そこで、なぜぽっくり死にたいと思うのか、同調査にあるその理由についてみてみよう。ぽっくり死にたい人では、「苦しみたくないから」「家族に迷惑をかけたくないから」と考える人がほとんどだ。一方、「(寝こんでもいいので)病気などで徐々に弱って死ぬ」のが理想だと思う人は、「死の心づもりをしたいから」という理由が多かった。どんな死に方が理想かという意識の背景には、死への考え方がそもそも異なることがわかるが、ぽっくり死にたい人は、病気の進行過程における苦しみ、介護する家族への気兼ねや負担を重視する傾向がある。

1980年代にPPKという言葉が流行した。ピンピンコロリ、の略だ。GNP

（元気で長生きぽっくり）というスローガンもある。わが国では、多くの高齢者が「長患いをして、家族に迷惑をかけたくない」と感じている。

PPKは神社仏閣の祈願にもなっており、ぴんころ地蔵、ぽっくり観音など、PPKをご利益とするお寺は全国に点在している。なかでも通称「ぽっくり寺」として有名なのは奈良にある吉田寺《きちでんじ》だ。987年にこのお寺を開基した僧侶が、自身の母親の臨終の際に祈願をしたところ、苦しむことなく亡くなったといういわれから、ぽっくり寺と呼ばれるようになった。住職に直接うかがったところによれば、参拝客が増えたきっかけは、1972年に出版された有吉佐和子の『恍惚の人』が大ベストセラーになったことだという。今から50年以上も前で、介護保険制度が導入されていない時代のことだ。認知症(その頃は、痴呆症と呼ばれていた)になった舅の日々を、仕事と家事、介護に振り回される「嫁」の立場から書かれたこの本は、社会に大きな衝撃を与え、多くの人は「長生きすることは幸せなのか」という問題に直面することになった。

しかし、PPKを目指し、適度な運動をし、健康的な食生活をしたとしても、どんな人も死を避けることはできない。しかも、何が原因で死ぬかは誰にもわからない。

かなり進行した状態でがんが発見されたとしても、がんで亡くなるのではなく、怪我や事故で亡くなる可能性もないわけではない。私の友人の父親は、末期がんの治療中であったが、心筋梗塞で突然亡くなった。連絡が取れないのを不思議に思った親族が訪ねてみると、ベッドの横に倒れた状態で亡くなっていたそうだ。抗がん剤治療が効いて、がん自体が小さくなっており、当の父親は、気力が回復し、仕事を再開したところだったという。考えてみれば当たり前のことではあるが、がんに罹患し、余命宣告を受けていたとしても、がんで亡くなるとは限らないのだ。

そうであれば、どんな死であっても、死の瞬間までどう生きたかが問われるべきだろう。自分にとっての理想の死とは、家族に囲まれて息を引き取ることだろうか。ベッドに寝たきりになっても、趣味などをして、好きなことをして過ごせることだろうか。できるだけ最期まで、家族と自宅で過ごし、日常生活を送ることだろうか。俳優がよく、「舞台の上で死ねたら本望」などと言うが、死ぬ直前まで仕事をしていたいと思う人もいるだろう。

2．孤立死の現状

死ぬ瞬間に立ち会う家族がいるとは限らない

ところが、ぽっくり死にたいという人は多いのに、孤立死は怖い、という人も日本には多い。自宅でぽっくり死んだら、息絶える瞬間に誰もいないことは十分あり得るのに、だ。ひとり暮らしの人だけの問題ではない。同居する家族がいたとしても、ひとりになる時間がまったくないということは考えにくい。ひとりになった時間にぽっくり死ぬことだって考えられる。

私の知人は、ある休日に仕事仲間とゴルフに出かけ、夕方になって帰宅したら、お風呂の中で妻が亡くなっているのを発見するという経験をした。妻はまだ30代だったが、入浴中に心臓が急に止まったそうだ。泊りがけの出張だったら、妻の遺体はすぐには発見されなかっただろう。

家の中にいても、家族がお風呂の中で亡くなっているのを発見するのが遅れるケースはよくある。いちいち、家族がお風呂に入っている時間をストップウォッチで計っているわけではないので、なかなかお風呂から出てこなくても、「今日は長湯だなあ」ぐらいにしか思わないだろう。別の知人家族は父親との三世代同居だったが、父親が夜中にベッドで亡くなっているのを発見したのは翌日の夕方だったという。前日の晩御飯を一緒にとった後、いつも通り、父親は自室へ入り、翌朝は、これまたいつものように、みんなが仕事や学校へと出ていったという。学校から下校した子どもが、おじいちゃんの朝ごはんがそのまま食卓に置かれているのを不思議に思い、夕方になって部屋をのぞくと、亡くなっているのを発見したそうだ。ここで紹介した二人の知人の家族の最期は、どちらもぽっくりだ。遺体は一日以内に発見されているとはいえ、同居する人はいるのに、死ぬ瞬間に立ち会った人は誰もいない。

また、病院で闘病中に亡くなったとしても、死ぬ瞬間に立ち会う家族がいるとは限らない。「様子がおかしい」「亡くなりそうだ」という連絡を病院から受けても、家族がすぐに駆け付けられるとは限らない。そもそも患者の様子がおかしいことを病院が知るのは、医療者がそばについてわかったわけではなく、患者が指につけていた、血中酸素濃度を測るパルスオキシメーターが、ナースステーションに異常を知らせたからにほかならない。病院にいても、患者の死を見守っているのは医療機器であって、家族がベッドサイドを囲み、「おじいちゃん、ありがとう」と言った後に息絶えるというのは、ドラマだけの世界なのだ。

少し古いが、60歳以上を対象にした内閣府の「高齢者の住宅と生活環境に関する調査」（平成30年）によれば、「孤立死（誰にも看取られることなく、亡くなった後に発見される死）について、身近に感じますか」という質問に対し、「とても感じる」人が9・1%、「まあ感じる」人が24・9%と、高齢者の3割以上が、孤立死の問題を身近に感じていた。これをひとり暮らし世帯だけについてみると、「とても感じる」が15・9%、「まあ感じる」が34・8%と、孤立死を身近に感じる高齢者は半数以上を占めた。

相当期間放置される「孤立死」は増加している

実際、誰にも看取られることなく息を引き取り、その後、相当期間放置される「孤立死」は増加している。警察庁の統計によれば、2024年1月から3月の3か月間に、ひとり暮らしの自宅で亡くなった65歳以上の高齢者は全国で1万7000人程度いることが明らかになっている。これを年換算すると、6万8000人にものぼる。

監察医は東京都23区、大阪市、名古屋市、神戸市に配置されており、死因がわからず急に亡くなった人や事故などで亡くなった人の死因を明らかにするために解剖をする。東京都監察医務院が2021年に取り扱った、自宅で亡くなったひとり暮らしの件数は8691人いたが、そのうち69・4%が65歳以上だった。

2021年に東京都監察医務院が扱った、ひとり暮らしの遺体の死後経過時間

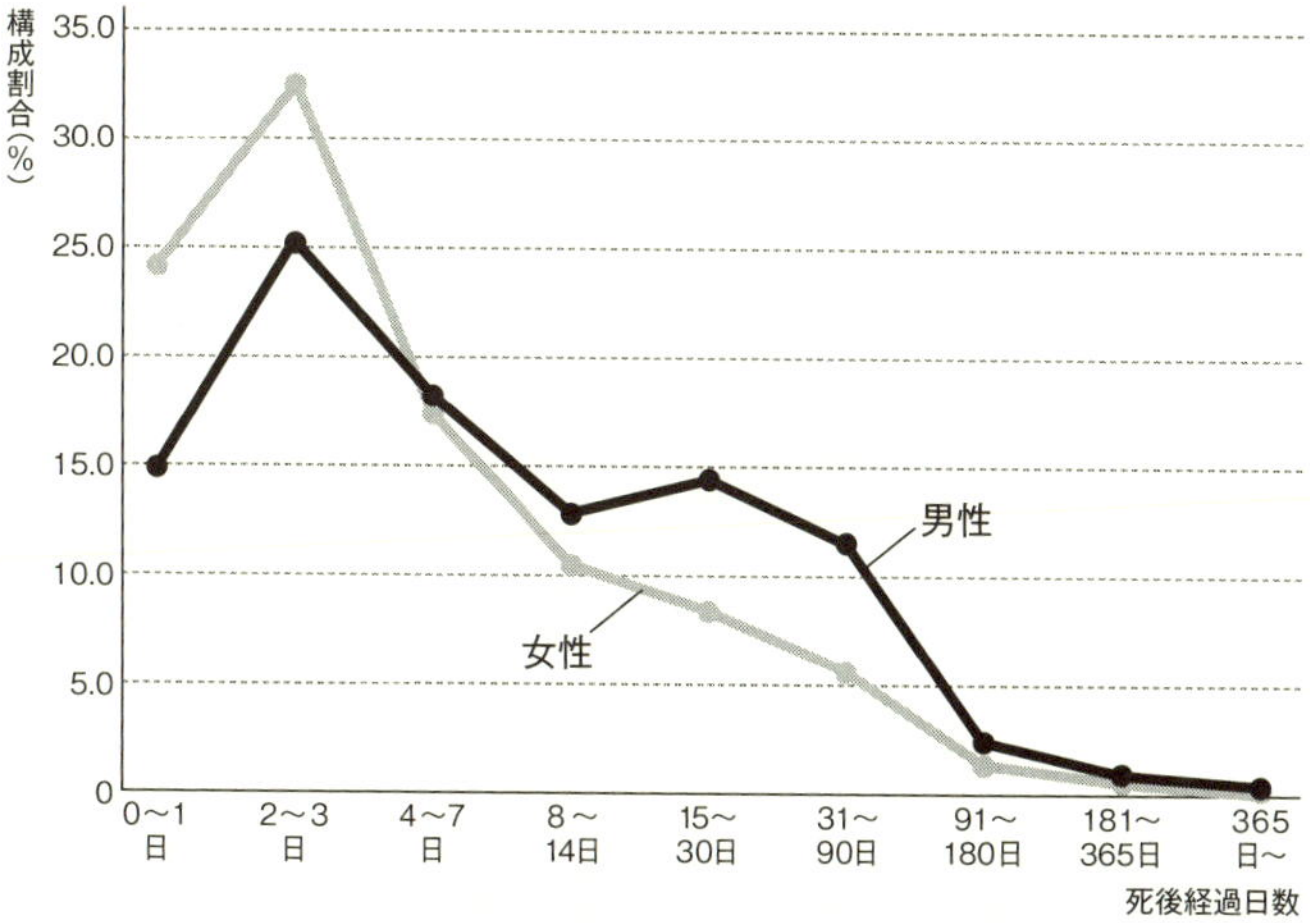

出典：東京都保健医療局「東京都監察医務院で取り扱った自宅住居で亡くなった単身世帯の者の統計（令和3年）」

孤立死というと、発見までに相当な日数が経過しているかのように思いがちだが、死後経過日数をみると、0〜1日が38・2%、2〜3日が23・0%で、6割以上が数日以内に発見されていた。

孤立死は生きている間の孤立が問題なのでは

多くの人は孤立死しても、数日以内には発見されていることにかんがみれば、孤立死の問題は、遺体が腐敗するまで発見されないことではない。むしろ、生きている間の孤立が問題なのではないだろうか。

例えば、ひとり暮らし高齢者の会話頻度をみてみよう。国立社会保障・人口問題研究所が2022年に実施した「生活と支え

世帯タイプ別 普段の会話頻度別 個人の割合(%)

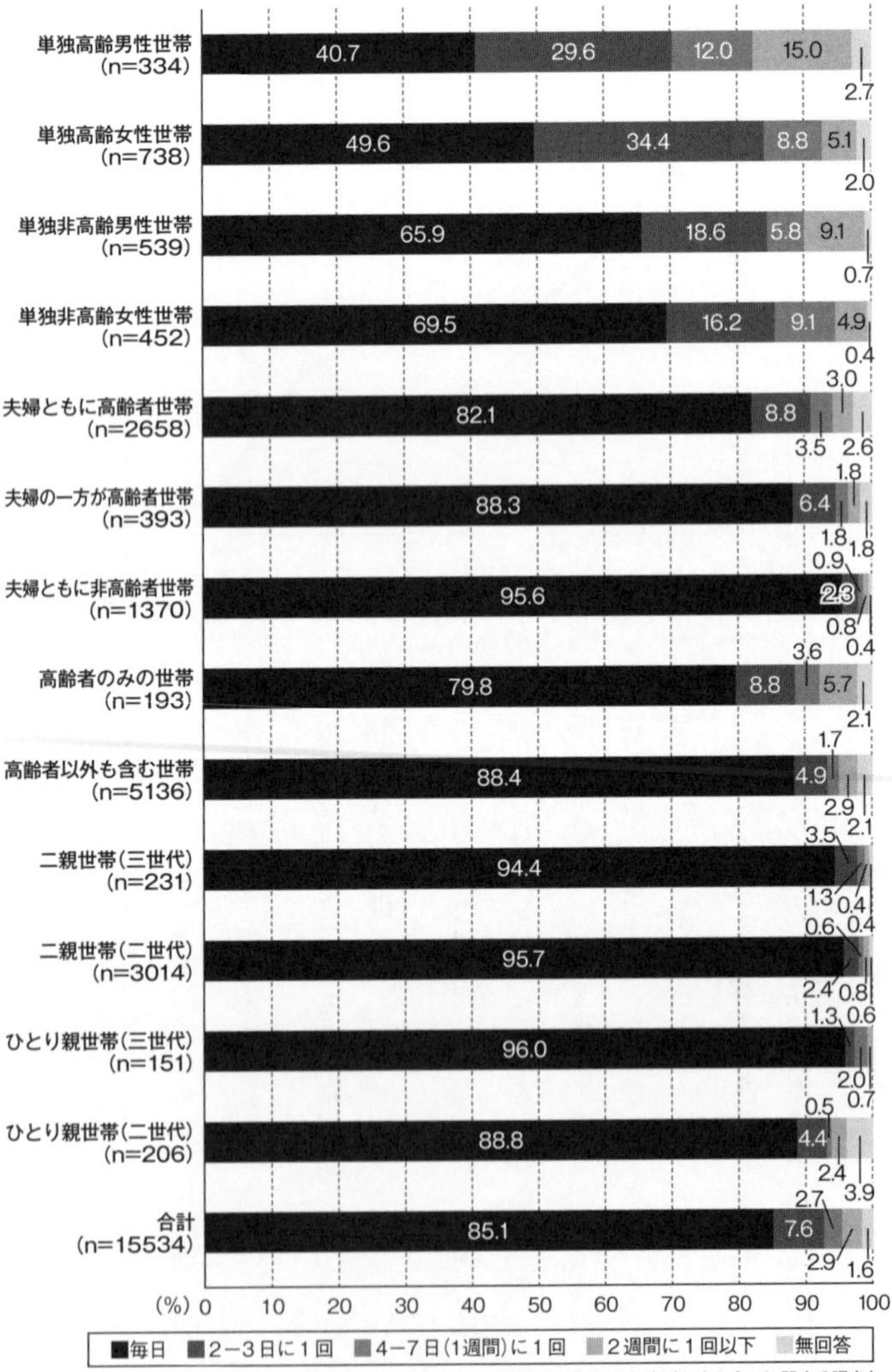

出典:国立社会保障・人口問題研究所「2022年生活と支え合いに関する調査」

合いに関する調査」によれば、ひとり暮らしの男性高齢者のうち、ふだんの会話頻度が「2週間に1回以下」の人は15・0%もいた。ひとり暮らしをしている男性高齢者の6人に1人が、2週間に一度も会話をしていないという事態は、にわかには信じがたい。そしてそれ以上に、「近所には、そんな人はいない」と多くの人が感じていることが問題とされるべきだ。私は講演で、よく「心当たりに、2週間に一度も誰とも会話しないような人はいますか」とたずねるが、大都市部でも地方でも、「まわりには該当者がいる」と回答する人はまずいない。社会から孤立している人がいること自体、世間には認識されていないことが、深刻な問題なのだ。

生きている間に社会から孤立しているのであれば、自宅で倒れても、誰からも気づかれずに亡くなり、死後相当日数が経過して発見される可能性は高くなる。つまり死後経過の長い孤立死は、生きている間の孤立の問題の延長にあるといえる。

「8050問題」も、おひとりさま予備軍

1章でも述べたように、戦後、私たちのライフスタイルは大きく変わった。例えば子どもがいても、高齢期は夫婦のみで暮らすのが当たり前になっている。国立社会保障・人口問題研究所の推計によれば、2040年には、世帯主が65歳以上の世帯のうち、40・0%がひとり暮らしになり、東京都では全国最高の45・8%にのぼるとされている。

また50歳時点で一度も結婚経験のない人の割合を示す生涯未婚率は、2020年には男性が28・3%、女性が17・8%だった。日本では長らく、「男性は結婚して一人前だ」とされてきた風潮があり、結婚しないという人生の選択肢はほぼなかった。現に1950年の男性の生涯未婚率は1・5%にとどまっている。

特に男性の生涯未婚率は1990年以降、急増しているが、1990年に50歳だった人は現在80歳を超えている。これまで亡くなった男性のなかで一度も結婚したことがなかった人はほとんどいなかったが、これからは、生涯未婚の男性がどんどん亡くなっていく社会が到来する。80代の親が、自宅にひきこもる50代の子どもの生活を支える、いわゆる「8050問題」も、おひとりさま予備軍の問題でもある。親が要介護状態になったり、亡くなってしまったりすれば、たちまち子どもの生活は立ち行かなくなってしまう危険性をはらんでいる。2019年の内閣府の発表では、40~64歳のひきこもりシニアは約61万3000人にのぼるとされるが、彼らの多くには、親亡き後の生活を支援する家族がいない。

子どもがいる親の側も、安心してはいられない。2000年以降、長生きする人が急増し、要介護期間や死亡時に子どもがいても、その子どももかなりの高齢であることが容易に想定できる。「老いては子に従え」と、子どもがいるから老後は安心であるという時代では、もはやなくなっているのだ。

家族はいるが、頼れないというケースが珍しくない

以上のように、結婚しようがしまいが、子どもがいようがいまいが、長生きをすれば、最後はおひとりさまになる可能性は誰にでも起こり得る。これまでの日本では、自立できなくなった時には家族が支援したり、面倒をみたりするのが当たり前だとされてきた。

ところが、おひとりさまの増加で、いざというときに支援してくれる家族がいない、あるいは家族はいるが、頼れないというケースが珍しくなくなっている。

老、病、死に直面すると、誰しもが誰かの支援を受けざるを得なくなる。例えば入院や入所時に身元保証人を求める病院や介護施設はたくさんある。

2018年に厚生労働省は、身元保証人がいないことを理由に、病院は患者の入院を拒否してはならないという通知を都道府県に出している。しかし神奈川県病院協会や第二東京弁護士会などが実施した各種調査によれば、9割以上の医療機関や介護施設で身元保証人を求めており、親族や民間事業者による保証人がいない場合には、入院や入所を拒否するケースが報告されている。

保証人になる親族がいない人に判断能力がなくなった場合、成年後見人をつけたとしても、後見人は医療契約を代理することはできるが、介護支援内容や医療行為への同意は認められて

いないので、手術や延命措置について本人に代わって判断してくれる人がいないことが、施設側が受け入れをためらう背景にある。施設入所時には身元保証人がいても、保証人が先に亡くなり、保証人がいなくなるケースもある。

保証人がいない人の経費不払いを心配する声も現場では大きくなっている。本人に支払い能力があったとしても、死亡した場合に回収できない可能性があるからだ。しかし生活保護受給者なら、入院費や介護費は全額給付され、自己負担はない。保証人がいない場合と比べると、病院や施設側からすれば、生活保護受給者の方が不払いの心配はないのだ。

こうした身寄りなし問題は、自立して生活している時には顕在化しない。そのため、希望する医療や介護サービス、延命措置の可否、緊急連絡先や希望する納骨方法など、元気なうちに、自分の意思を書き記している人は多いとはいえないのが現状だ。

神奈川県横須賀市では2018年、あらかじめ登録した市民の終活情報を、いざというときに本人に代わって、病院、消防、福祉事務所などに開示するサービスを全国に先駆けて開始した。現在、大和《やまと》市、逗子《ずし》市、鎌倉市などのほか、豊島《としま》区が東京都23区で初めて登録制度をスタートさせているし、横浜市でも制度の導入が決まっている。自立できなくなった時の備えとして、自分の意思とそれを伝えてくれる代理人の存在は必要不可欠なのだ。

前述したように、日本では、人が高齢になり自立できなくなってから、なかでも人が亡くなって以降のことは、家族や子孫が担うべきとされてきた。しかし血縁、親族ネットワークだけでは老い、病、死を永続的に支え続けることは不可能なところまで、日本の社会は変容している。自立できなくなった後に頼れる家族がいることがもはや当たり前の社会ではなくなっている。

3.「逝ったもの勝ち」の社会

男性はどの年代でも「自分が先に死にたい」と回答

日本ホスピス・緩和ケア研究振興財団で私が2023年におこなった調査に、「配偶者と自分とどちらが先に逝きたいか」という失礼な質問がある。配偶者がいる人だけにたずねた質問だが、男性はどの年代でも「自分が先に死にたい」と回答した人の方が多い。一方、女性では、60代、70代では「自分が後に死にたい」と考える人の方が多いが、年代が下がるにつれて、「自分が後に死にたい」人の割合が少なくなっていき、40代以下では、「自分が先に死にたい」人の方が多くなる。

シンガーソングライターのさだまさしさんが1979年に発表した『関白宣言』には、「子供が育って年をとったら　俺より先に死んではいけない」という歌詞がある。60代以上では、「夫が先で、妻があと」と、男女の意見が一致しているものの、これからの時代は、夫も妻もどちらも先に逝きたいという「逝ったもの勝ち」の社会になる。長生きするかどうかよりも、ひとり残されることの恐怖や不安が強いという意識の表れではないだろうか。

ちなみに2020年の国勢調査では、50歳以上の男性死別経験者は154・6万人で、50歳以上男性総数の5・7％に過ぎないが、75歳以上になると14・7％を占め、7、8人に1人が、妻と死別している計算だ。一方、女性をみると、50歳以上の死別経験者は743・1万人と男性の5倍近くおり、50歳以上女性全体の23・3％を占める。75歳以上になると50・6％が、夫との死別経験者となる。

特にこの20年間、男性の寿命の延伸に伴って、妻に先立たれる人の数が増えている。一般的には、夫が先に亡くなる確率が高いが、長生きすれば、妻に先立たれるリスクが高くなる。そもそも結婚すれば、事故や事件以外で夫婦が同時に亡くなることは考えにくい。これからは男性も、妻との死別リスクを考えておかねばならない。

日本には「おもてなし」文化があるとされ、日本にやってくる外国人のなかには、レストラ

配偶者やパートナーとどちらが先に死にたいか

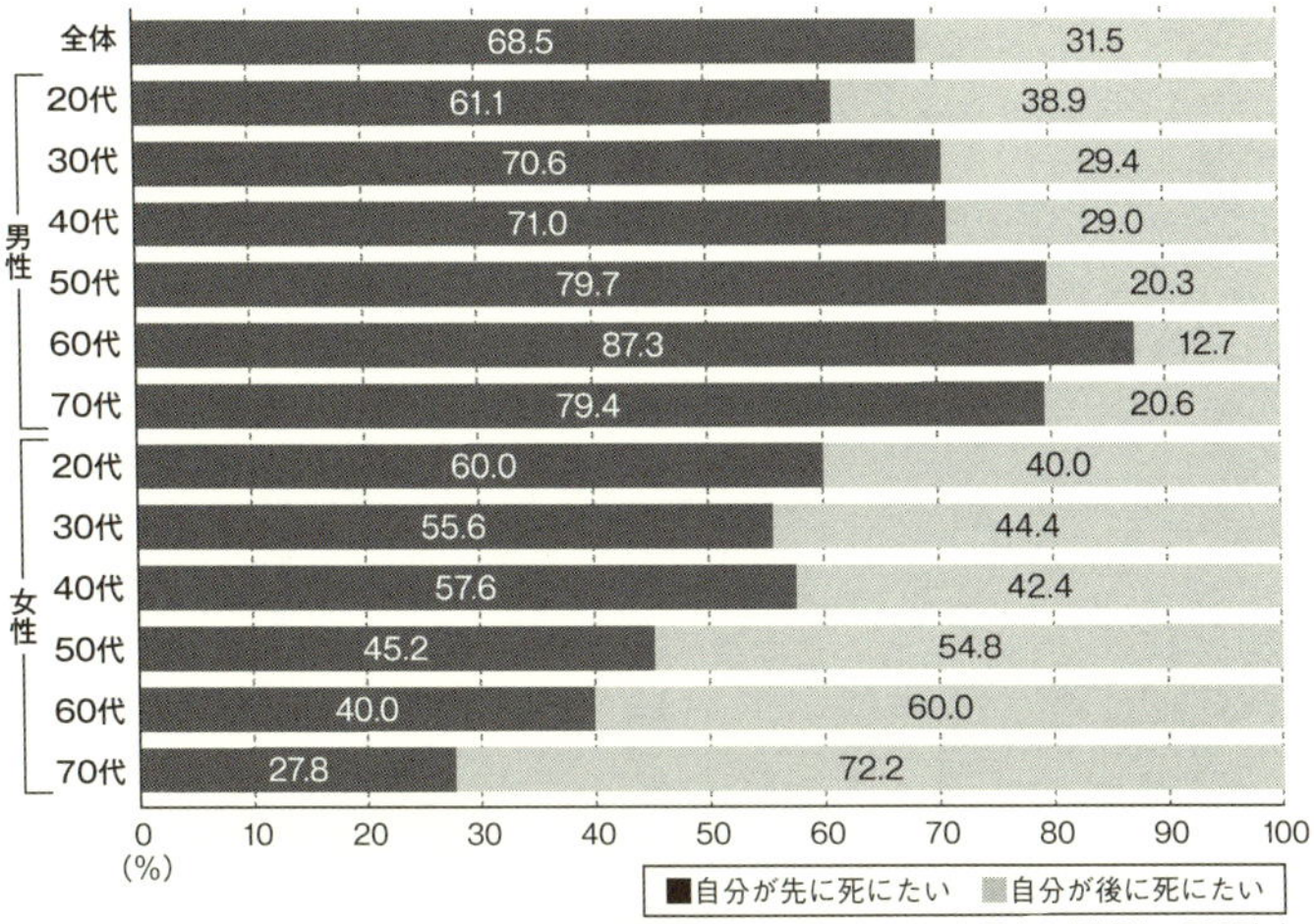

出典：日本ホスピス・緩和ケア研究振興財団「ホスピス・緩和ケアに関する意識調査　2023年」

ンやホテル、飛行場などで、笑顔、清潔さ、丁寧さ、無料サービスの多さなど、サービス業のおもてなしに驚く人も少なくない。相手を思いやり、かいがいしく世話をすることが美徳のようにされ、どれだけ手厚いおもてなしやサービスを受けたかが、サービス業への評価につながる傾向もある。

　コロナ禍の直前、私はスイスの高級介護施設を訪問する機会があった。サロンには、いろいろなタイプの車いすに乗った高齢者が、思い思いに時間を過ごしていたが、入居者が車いすで移動するときに、スタッフは眺めているだけで、介助していないことに気が付いた。不思議に思って、理由をたずねると、「車いすを押すのは虐待ですよ」という答えが返ってきて、びっくりした。

足腰が弱っている人は車いすを使っているが、それを他人が押したら、機能が残っている手を使わなくなり、手の筋力が衰え、寝たきりになってしまう。だから、車いすを押すのは、介護ではなく、虐待なのだと。

そう思って見回すと、車輪を自力で動かすタイプ、座位姿勢を保つのが難しい人向けのリクライニングタイプ、電動タイプなど、入居者が使用する車いすもさまざまだった。日本では、スタッフに手厚い介護をしてもらえる施設が良いと考えられがちだが、人にやってあげることが優しさなのではなく、自立をサポートすることが大事なのだと、改めて教えられた。

妻の家事時間の多さが夫の自立を妨げている

ひるがえって、日本の夫婦の家事分担についてみると、国立社会保障・人口問題研究所が2022年に実施した「全国家庭動向調査」によれば、一日の平均家事時間は平日で妻が4時間7分なのに対し、夫はわずか47分。圧倒的に妻が家事をしていることがわかる。かいがいしい妻に身の回りの世話をすべてしてもらうのは、夫にはこの上ない幸せだろうが、これは、夫の自立を妨げていることにほかならない。

妻に先立たれた知り合いの初老男性は、夕食は近所に住む娘に運んでもらっているが、娘夫婦は日中働いているため、昼食は自分でなんとかしなければならない。散歩がてら、近くのスーパーにお弁当を買いにいくのだが、お弁当の種類が多すぎて、何を買えばよいのか、困ってしまうと言う。冗談のような話だが、現役時代は愛妻弁当を持って出勤していたこともあり、「何を食べようか」と考えたことが、そもそもほとんどなかったそうだ。

備えるべきは家事能力だけではない。定年退職後は、必然的に夫婦で過ごす時間が増えるが、妻以外の人と過ごす時間がどれだけあるかが、重要だ。

前出のように、国立社会保障・人口問題研究所の「生活と支え合いに関する調査」（2022年）によると、会話頻度が少なく、社会から孤立している単身高齢男性がいかに多いかがわかったが、誰とも会話しないと、だんだん無気力無関心になり、家事をするのもおっくうになり、セルフネグレクトになりかねない。そのうえ、認知症リスクも高まる。「妻だけが頼り」という生活は、ひとり暮らしになった後が危険だ。元気なうちから、趣味や地域活動など、仕事以外の人間関係を作っておくことが大切だ。

異性との交流を望む人は男性に多く女性に少ない

私は立教セカンドステージ大学で死生学の講座を持っており、その受講生のうち、配偶者と死別した人たちで「没イチの会」を結成し、「パートナーの分も人生を2倍楽しむ」ことをモットーにしている（4章でもその取り組みを紹介）。40代、50代で死別したメンバーも少なくない。

配偶者がいる同級生や近所の人たちに「かわいそうね」「さびしいでしょ」という言葉を何年たってもかけられ、傷ついた人もいる。人生を共にした人との死別は誰だって悲しいが、残された人はパートナーのいない新しい環境に順応し、その後の人生を生きていかねばならない。同じ体験を持つ人たちだからこそわかり合え、話題にできることもある。

2016年に第一生命経済研究所で、配偶者と死別経験のある高齢者を対象に私が実施した調査では、「特定のパートナーや異性の友人を欲しいと思わない」と回答した人は、女性で55・0%もいたが、男性では28・2%にとどまり、異性との交流を望む人は圧倒的に男性に多い。昨今、シニアの婚活市場は活況だが、お見合いパーティの場に、年金手帳や通帳で経済力をアピールし、「相手は家庭的で健康的な方がいい」と、女性に家政婦像を求める男性の姿が目立つ。

「ぽっくり死にたいけれど、今日はいや」「ぽっくり死にたいけれど、孤立死は怖い」「先に死んだもの勝ち」という日本人の意識の背景には、「自立できなくなったあとは家族が面倒をみるべき」「家族がいない人はかわいそう」といった社会の目もあるだろうが、私たちは個として自立しているのか、という問題もはらんでいるのではないだろうか。

4. 健康長寿という手段

実年齢よりも若く見られたいと考える人が多い

日本は世界有数の長寿国で、「若く見られたい」と考える人が多い。女優やタレントのことを「年齢より若く見えるか」を評価の対象としている世論があるし、「年齢のわりには元気だ」とか、「もう年なんだから無理をしないで」という表現も日常生活でよく使われる。日本では、「年齢」から想起するイメージに社会全体が囚われている気がする。

2022年に朝日新聞Reライフプロジェクトが実施したアンケートでは、実年齢よりも若く見られたいかという質問に対し、71%が「若く見られたい」と回答し、「実年齢相応に見られたい」人は20%にとどまった。しかも「実年齢よりも5~9歳程度若く見られたい」が34%、「実年齢より10歳以上若く見られたい」は21%もいた。私自身は一切、化粧をしないし、若く見られたいと思ったこともないので、10歳以上も若く見られたい人の気持ちがよくわからない。

平均寿命の推移

（単位：年）

	男性	女性
1955年	63.60	67.75
1960年	65.32	70.19
1965年	67.74	72.92
1970年	69.31	74.66
1975年	71.73	76.89
1980年	73.35	78.76
1985年	74.78	80.48
1990年	75.92	81.90
1995年	76.38	82.85
2000年	77.72	84.60
2005年	78.56	85.52
2010年	79.55	86.30
2015年	80.75	86.99
2020年	81.56	87.71
2021年	81.47	87.57
2022年	81.05	87.09
2023年	81.09	87.14
2040年（推計）	83.27	89.63

資料：厚生労働省「簡易生命表」

そもそも、他人が何歳に見えるかに、関心がある人はどれだけいるのだろうか、とさえ思ってしまう。

とはいえ、世の中には、若見えコーデ、若見えファンデーションなど、実年齢より若く見せるコツを伝授する情報や商品があふれている。そもそも栄養状態がよくなり、寿命が延びている時点で、何十年も前の人たちと現代人は、明らかに老け方が異なる。「エイジングとは闘う、でも若作りはしない」をモットーにする美魔女という言葉も生まれ、エイジング美容の市場も活況だ。

一方、見かけの不老だけではない。最近では、加齢により蓄積される老化細胞が、臓器や組織の機能低下を引き起こすことが明らかになっており、老化細胞を取り除ければ老化現象を食い止めることができるという。そもそも人間の病気の多くは老化に伴って起きるので、老化細胞の除去によって、将来的には病気そのものが減ると考えられており、近い将来、見かけだけではなく、内臓の機能の不老が実現することが期待されている。

それでは「不死」への願望はどうか。不老不死は、昔から中国でも伝統的な生命観のひとつとされており、今から2200年以上も前、中国を統一した秦の始皇帝の命令によって、東方海上の三神山にある不老不死の薬を探すため、徐福が日本にやってきたとされ、和歌山県の熊野市や新宮《しんぐう》市周辺には今でも、徐福《じょふく》伝説が残っている。当の始皇帝は、猛毒の水銀からできた薬を不老不死の薬と信じて飲んでいたことで亡くなったといわれている。

もちろん、2200年以上がたった現在でも、不死は実現されていないし、命あるものは死すべき存在であることは自明の事実である。アメリカの生物学者レナード・ヘイフリックは、人体の細胞は最大で50回程度しか分裂することができないことを発見しており、ヒトが永遠に生きることは不可能であることが証明されている。

健康長寿は、目的を達成するための手段にすぎない

しかし見方を変えれば、平均寿命が長くなったことで、私たちは「不死」の存在であると錯覚するようになっているのではないだろうか。「健康長寿」信仰もそのひとつだ。

以前、ある団体から終活について講演を依頼されたことがある。私の前には、ヨーグルトを販売している食品会社がスポンサーとなり、その効用の研究を依頼した医大の先生が登壇した。そのヨーグルトに含まれる乳酸菌は、がん細胞やウイルスに感染した細胞をやっつけるナチュ

ラルキラー細胞を増やす効果があるので、毎日食べることで、健康長寿が期待できるという内容だった。

「ヨーグルトを食べて健康長寿を目指そう！」という講演のあとに、私が、終末医療や葬送など終活についての話をするのだから、なんだかとてもシュールな組み合わせだが、私は講演の冒頭で、「何もすることがないのに、毎日ヨーグルトを食べて健康で長生きしたら、どうなると思いますか」と、来場者に問いかけた。健康でどこも悪くないなら病院巡りもできないし、毎日することもなく、一日がひたすら終わるのを待つ生活をしていれば、健康長寿の意味があるのだろうか、と。

人生で何かしたいことがあるとか、楽しみがあるから、元気で長生きしたいのであって、健康長寿は人生の目的でも、「目指すもの」でもないのではなかろうか。健康長寿は、目的を達成するための手段にすぎない。

私が関わっている日本ホスピス・緩和ケア研究振興財団で2023年に実施した調査によれば、100歳以上まで長生きしたいかという質問に対し、長生きしたいと回答した人は全体で22・0％にとどまり、多くの人は人生100年時代を肯定的には捉えていなかった。50代、60代では8割以上が、「100歳以上まで生きたくない」と考えていたが、人生100年が現実的であろう20代、30代でも、長生きしたい人は25％程度しかいなかった。

長生き（100歳以上）したいと思うか（性別・年代別）

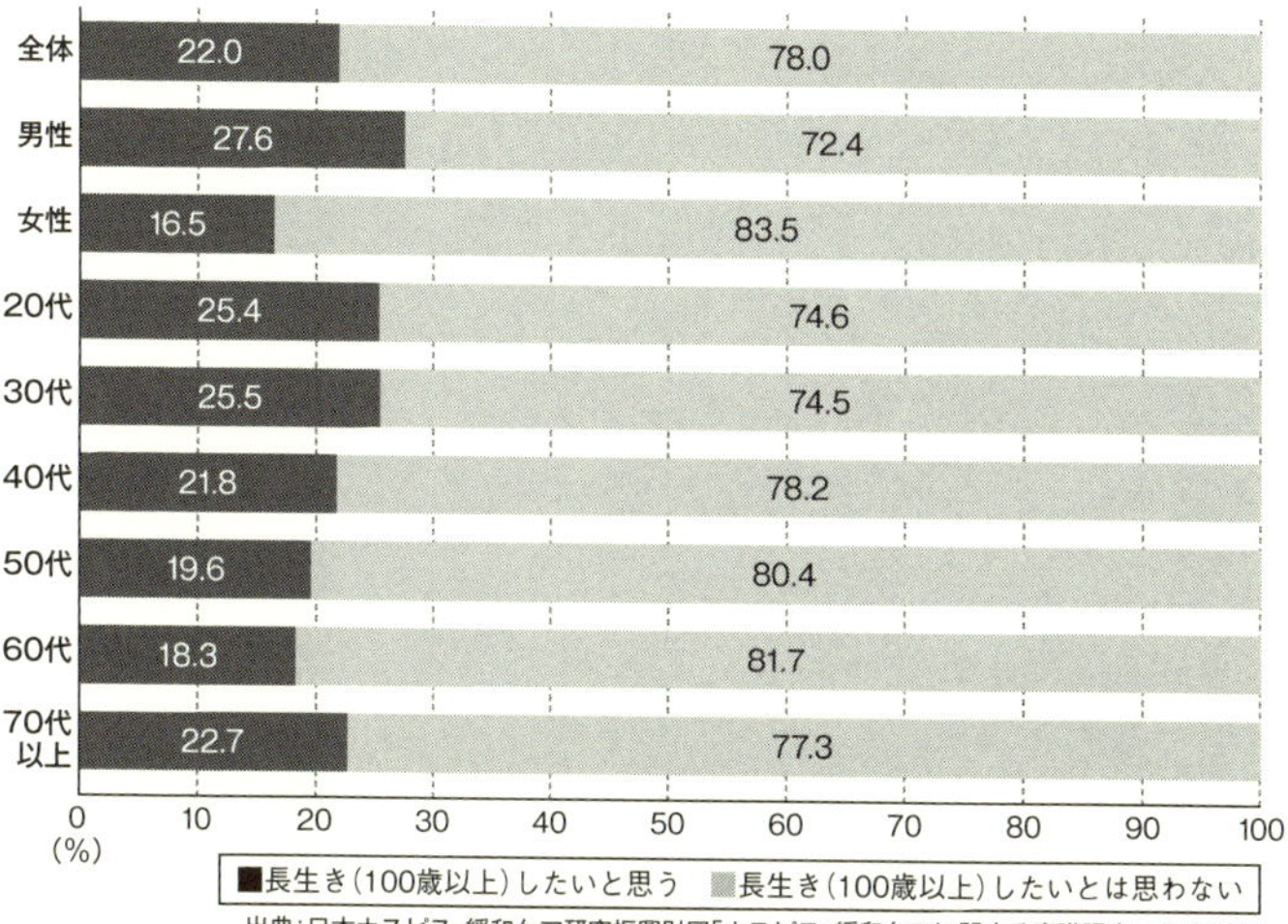

出典：日本ホスピス・緩和ケア研究振興財団「ホスピス・緩和ケアに関する意識調査　2023年」

また性別で比較すると、長生きしたい人は男性で27・6%、女性で16・5%と、男性の方が多かった。100歳以上生きたい人の理由は、男性では「少しでも長く人生を楽しみたいから」だが、女性では「少しでも長く人生を楽しみたいから」以外に、「子どもや孫の成長を見たいから」も多かった。

一方で、長生きしたくない人の理由としては、「家族やまわりの人に迷惑をかけたくないから」「身体がだんだんつらくなると思うから」が多く挙げられ、「経済的な不安があるから」も36・7%あった。

健康長寿のために、「脳トレをしよう」「毎日8000歩を目指そう」「バランスの良い食事を腹八分目に」などと努力している一方、100歳まで長生きしたくないなあというのが、多くの人の本音なのだろう。人生の晩年に、病気に罹患して看護してもらったり、老いに直面して介護が必要になったりするのであれば、そこまで長生きしたくはない、ということだろうか。

2040年に65歳以上の認知症患者は約584万人に

例えば厚生労働省『介護保険事業状況報告』によれば、要介護（要支援は含まない）の認定を受けた人は、2022年3月末時点で約500万人いたが、2017年からの5年間で35万人近くも増加している。

65歳以上の認知症患者（軽度認知障がいは除く）は2022年には約443万人で、高齢者の8人に1人の割合だったが、2040年には約584万人に増加するという推計もある（厚生労働省『認知症及び軽度認知障害（MCI）の有病率調査並びに将来推計』2024年）。

福岡県久山《ひさやま》町では、九州大学が中心となって1985年から認知症の疫学調査がおこなわれている。その結果によると、65歳から69歳までの認知症の有病率は男性で1・94%、女性でも2・42%と算出されているが、80歳を超えると割合があがり、85歳以上では女性の6割近くに認知症の症状がみられると推定される。健康で長生きできれば理想だが、介護が必要になったり、認知症を患ったりする人たちが増加してきたのは、人生80歳が当たり前になったからにほかならない。

しかし、内臓や肉体が老化しないとなれば、長生きしたい人は増加するだろうか。

私の知り合いに、120歳まで生きたいと言う人がいる。ハーバード大学の遺伝学の教授デビッド・シンクレア教授が書いた『ライフスパン』という本が、数年前にベストセラーになったが、その本に感銘を受けたそうだ。

この本によれば、老化は自然現象ではなく、病気のひとつであり、意識的に生活環境を変えることで体内の遺伝子を変化させることができ、老化を遅らせることが可能だという。「長生き家系」という言葉があるが、長寿は、両親や先祖から引き継いだ遺伝子の影響を受けるゲノムの問題ではなく、生活環境を変えることでエピゲノムを修復し、老化を防止することで実現するそうだ。

老化を遅らせることができれば、がんや脳卒中、心筋梗塞など老化に起因する病気を防ぐこともできるので、健康寿命が延びることになる。ちなみに、シンクレア教授によれば、身体を老化させない秘訣は、食べ過ぎないこと、運動をすることなのだそう。

私の知人はこの本を読み、毎日、アップルウォッチで健康観察をし、遺伝子を老化させない習慣を実践し、120歳まで健康で生きることを目指している。一方、100歳以上も生きたくないという人でも、100歳になって気力体力がみなぎっており、既往症もなく生活できるのであれば、生きていたいだろうか。

「ほかにすることがないから」という理由で、定年延長する人

老化にも病気にも無縁で100歳まで生きることができたとしても、私自身は、100歳まで長生きしたくはない。健康長寿は人生の目的ではなく、手段であるべきだと考えているので、半世紀を生きてきた現在、さすがにあと40年以上も、やりたいことを見つけ、それに向かって邁進《まいしん》したいとは思わないし、のんびり生きるには長すぎる。前出した日本ホスピス緩和ケア研究振興財団の調査結果では、長生きしたくない人の理由として、「経済的な不安」を挙げる人が多かったが、100歳まで元気で生きられる人は100歳になっても働き続ける必要が出てくる。「生涯現役」といえば聞こえは良いが、あと40年間も働くのかと思うと、正直、私には自信がない。

私がかつて勤めていた会社では、「ほかにすることがないから」という理由で、定年延長する人が少なくなかった。経済的な理由で死ぬまで働かざるを得ない人もいるなかで、恵まれた環境にいるせいで、「お金はあるが、したいことがないからとりあえず会社に来る」という人たちを目の当たりにし、「あんなふうに時間を無駄にしたくない」と私は思うようになった。定年延長するといっても、80歳や90歳まで働ける人は限られている。たいがいは65歳か、70歳ぐらい

で引退することになるが、40年以上も働き続け、やっと自分の好きに時間を使えるようになったのに、することがなくてなんとなく毎日を過ごす男性たちを私はずっと見てきた。一度しかない人生。どう過ごそうがその人の勝手ではあるが、私にとってはそういう人たちは反面教師として映った。

5．私が経験した夫の急逝

出張の日の朝、起きてこない夫

私が人生の時間にこだわる理由は、もうひとつある。私の夫が2011年4月、急逝したことだ、翌日からシンガポール出張の予定があったのに、前の晩、夫は会社の先輩と飲んで帰ってきた。その日は私も友人と銀座で食事をし、お酒が入っていたこともあり、夫の帰宅早々、「明日の準備はできているの？」といったような会話を少ししてから、別の部屋で寝てしまった。

翌朝ふと目覚めると、時計の針は6時を過ぎたあたりを指していた。夫はもう起きているはずの時間なのに、家の中が静まり返っていることに気づいた。寝坊だ！　早く起きないと、空港バスに間に合わない！　そう思って、「早く起きて！」と叫びながら、ベッドルームに駆け込んだ。ところが夫は、すやすやと眠ったままだ。「早く起きて！」と、もう一度叫んで、今度は夫に近づいた。それでも、反応しない。

何かがおかしい。その瞬間、布団から出ていた腕の内側に、青あざのようなものが2つ見えた。死斑だ！　死んでる！　と直感した。

しかし同時に、なぜ死んでいるのか、不思議だった。私が置かれている状況が、すぐには自分で呑み込めなかった。前夜の記憶をたどってみた。私が先に寝たので、夫が何時にベッドに入ったのかは知らなかったが、最後に夫を見たときにはリビングルームにいた。少なくとも自力でベッドに入ったはずなので、私が寝入った夫を殺したのだろうか、私が作った昨日のお弁当があたったのだろうかと、すやすや眠る（ように見える）夫を見ながら、テレビドラマの検視官のように、死因をいろいろ妄想した。人間はあまりにも予期せぬことに遭遇すると、思考回路がおかしくなるのだろうか。

ふと、我に返った。なぜ死んでいるかはわからないけれど、死んでいる限りは、警察に電話をしなければならないことを思い出した。とはいえ、こんな場合は、警察ではなく、救急に電話をする人の方が多いということは、仕事柄、知っていた。私は死生学の研究者で、葬送問題に関する書籍もあり、人が亡くなった後の手続きについても詳しかった。

警察に電話をかけて、不審がられたくないという思いもあり、すでに亡くなっている以上、救急に電話をすることは二度手間になり、無駄であることはわかっていたが、とりあえず救急に電話をしたのだった。冷静に考えてみると、最初から警察に電話すればよかったのだが、私が殺したのかもしれないなどという妄想で頭がいっぱいになっていたので、警察に電話するという正しい行動をとればかえって怪しまれるとでも考えたのだろう。

救急隊員はとても親切だった。電話越しに、「奥さん大丈夫です。あきらめないで、隊員が到着するまで心臓マッサージをしていてください」と、励ましてくれた。救急隊員が到着して遺体を確認したあと、「残念ですが、警察に引き継ぎます」と警察に連絡してくれた。

やってきた刑事は男女ひとりずつ。差し出された名刺には「刑事組織犯罪対策課」とあった。これまで警察のお世話になるようなことをしたことがない私は、名刺の「犯罪」という言葉を見て、「やっぱり私が疑われているのね」と、どきどきした。年配の刑事は、「働き盛りの男性が突然死ぬって、多いんですよねえ」とフランクな感じで話しかけてきたが、ひとしきり事情聴取が終わると、「いまから検視をするので、葬儀屋さんで棺を用意して、数時間後に警察署にきてください」と、夫の遺体と一緒に警察署に戻っていった。

警察の検視でも死因がわからず解剖に回された

数年前、雑誌の企画で、私と同様に夫が突然死した女性と対談した。この女性は、自宅にやってきた警察が、自宅のごみ箱をすべてあさり、コンビニのレシートまで持っていったことがショックだったと言っていた。彼女の場合は、夫が自宅の仕事部屋で倒れているのを翌朝になって発見したという。

生命保険に入っていたかなどを警察に聞かれたのが、容疑者扱いされていやだったと話していた遺族もいる。私は、刑事がやってきただけで気が張っていたのか、何を話したのかは思い出せないが、いやな思いをした記憶はないので、ラッキーだったのかもしれない。

いやな思いをしたのは、警察の検視でも死因がわからず、遺体が東京都監察医務院へ解剖に回されたことだ。誤解している人もいるので説明すると、死因が不明だった場合、遺族はこの解剖を拒否することはできない。病院で亡くなった時に医師が研究のために遺体を解剖させてほしいと遺族に依頼する病理解剖とは、同じ解剖でもまったく異なる。

この解剖から戻ってきた遺体の処置がひどかった。内臓を取り出すため、喉には掻き切られたような傷が残り、頭にも血がにじみ、髪の毛ごと縫いこまれていた。いくら亡くなっているとはいえ、ずさんな縫い方を見て悲しかった。結局、解剖しても、すべての内臓を数か月かけて検査しても、心臓が突然止まった原因はわからず、「死因不詳」という最終判断がくだされた。とにかく、二人を分かつ死は、こんなふうに突然やってきた。それ以来、明日があるかわからないのだから、今日を一生懸命に生きようという思いが私の中に強くある。どれだけ長生きをしたいかということより、今日死んでもいい生き方をしようというのが私の考えの根底にある。

第3章

死を考える4つの観点と死後のイメージ

1. 生物学的な死

生物学的な死を表す3つの兆候

「死ぬ」とはどういうことか、考えてみたことはあるだろうか。私は、小学校高学年から中学生の頃、このまま死ぬのではないかと、夜寝るのが怖かった記憶がある。つい眠ってしまい、翌朝に目覚めた時には、「今日も生きていた！」ととてもうれしかった。近所の人が亡くなり、お葬式の情報が回覧板でまわってくると、その夜は決まって、階段の上から突き落とされるといったような怖い夢をみた。

私たちは、必ず死ななければならないことはわかっているものの、死とはどういうことか、あまりよくわかっていない。というのは、死んだことがある人から、体験談を聞くことができないからだ。

家族や親しい人が、病に倒れ、亡くなっていく様子を見たことがあっても、自分が死亡する当事者ではない。生まれ変わりがあるのかどうかは私にはわからないが、前世の記憶があるという人にも、私自身は会ったことがない。

ここでは、死について4つの観点から考えてみたい。4つの観点とは、「生物学的な死」「法律的な死」「文化的な死」「社会的な死」だ。

まずは「生物学的な死」だ。たまにお酒を飲みすぎて酔っ払ったのか、朝の繁華街や公園のベンチ、道端などで寝込んでいる人を見かけることがある。寒い日などは、「こんなところで寝込んだら死んでしまうのではないか」と心配になるが、寝込んでいる人が生きているのか、死んでいるのかを、どのように私たちは見極めているのだろうか。

私の夫は、夜中に寝ている間に心停止で亡くなったのだが、その日の朝、ベッドに横たわっている夫を見た時、死んでいるとはこれっぽっちも考えなかった。暴れた形跡もなく、苦しんだ形跡もなく、穏やかに眠っているように見えたからだ。ただベッドに近づくと、布団からはみ出した腕に、内出血をしたような死斑が何か所もあることに気づき、そこで初めて、「死んでいる！」と認識した。

それでは、死んでいる人と生きている人の違いは何だろうか。死の兆候とは、「呼吸停止」「心拍停止」「瞳孔散大・対光反射消失」の3つだとされている。心電図の波形が平たんになったとしても、心臓が止まって亡くなったとは限らず、脈が触れる場合もあるそうだ。心臓が止まっても、最後にふうっと息を吐く光景を私も何度か見たことがある。これは死んでいないわけではなく、二酸化炭素を排出しようとする反射からくる反応なのだが、遺族にとっては、「まだ息をしているから、死んでいない！」と思いたくなる。

過去にはこんな事件もある。２００５年2月の新聞記事では、北海道北見《きたみ》市内の河川敷で倒れていた20代女性に対し、駆け付けた救急隊員が警察官立ち合いのもと調べたところ、呼吸や脈拍がなく、瞳孔も開き、下あごの死後硬直がはじまっているとして、死亡と判断したと報道されている。女性は警察署内の遺体安置室へ搬送されたが、検視のために警察官が女性に触れたところ、心臓の鼓動が確認され、死亡していないことが判明したという。発見当時の気温は氷点下と低く、一時的に仮死状態になった可能性が指摘されている。このように、３つの兆候が認められたとしても、それが永久的に継続しなければ、生物学的には「死」ではないのだ。

日本では24時間以内の火葬や土葬は禁止

外国では、２０２３年だけでも、アメリカ・ニューヨーク州の老人ホームで死亡宣告された女性が、エクアドルでも脳梗塞で死亡宣告された女性が、葬儀場へ運ばれた後、息をしているのが確認されている。当たり前だが、死んだ人が生き返ったのではなく、亡くなっていなかったということだが、このような事態に備えるためでもあるのか、日本では、24時間以内の火葬や土葬は禁止されているし、死亡診断は医師にしか許可されていない。外国では、例えばイスラム教では、亡くなってすぐに土葬することが望ましいとされているので、イスラム教徒が多い国では、24時間以内は土葬ができないといった法律はない。イギリスでは、看護師が死亡診断をすることが一般的だ。

ところで、亡くなった人は生き返るのだろうか。ゾンビが人間を食べるシーンを描いたホラー映画は枚挙にいとまがない。1980年代には、日本でも『バタリアン』という映画が大ヒットとなったし、2018年には『カメラを止めるな!』という日本版ゾンビをテーマに扱った映画が大きな話題となった。バタリアンが大ヒットした頃、高校生から大学生だった私は、ゾンビは生物学的に死んでいるのか、生きているのか、と真剣に考えたことがある。

映画で描かれるほとんどのゾンビは、死体が生き返るか、ウイルスに感染した人として登場し、ゾンビに脳みそを食べられた人はゾンビになってしまうというタイプが多い。またゾンビの弱点は脳で、頭を銃で撃たれると死んでしまう点がとても興味深い。

映画で描かれるゾンビは、人間にとって怖い存在だけではない。2015年からアメリカのテレビで放送され、シーズン5まで配信されている『iゾンビ』というドラマは、あるきっかけでゾンビになった女性は、死者の脳みそを食べると、その人の記憶が見えるという特殊能力を利用し、検視官として殺人事件を解決するという内容だ。

呼吸が止まり、心臓の鼓動が停止し、瞳孔が開き、光に反応しない状態が永続的に継続される状態を生物学的な死と呼ぶのであれば、ゾンビは生きているということになるのだろうか。

2．法律的な死

本人の意思が不明でも家族の承諾で臓器提供が可能に

次に「法律的な死」について考えてみたい。日本では、必ずしも生物学的な死が法律的な死ではない。言い方を変えると、人によって、「法律的に死んだ」という瞬間や状態が異なるのだ。

具体的に述べると、1997年に臓器移植法が施行され、脳死下での臓器提供が可能になったが、これによって、「心臓が動いているけれど、脳死になったうえ、臓器提供をするので、法律上は死んでいる」とされるケースと、「心臓が動いていて、脳死になったけれど、臓器提供をしないので、法律上は生きている」とされるケースと、状況によって法律的な死のタイミングが異なるという状況が生まれた。

　脳死下で臓器を提供する場合、法的脳死判定によって法律上に亡くなったとされ、臓器が摘出される。脳死下でしか提供できない臓器には、心臓、肝臓、肺、小腸があるが、例えば心臓は、まだ動いている間に提供しなければならないので、臓器提供者は、生物学的な死の条件である「心停止」ではない状態にある。つまり、脳死で臓器提供する場合、生物学的には死んでいないが、法律上では死んだとされる。

　しかし脳死にならない場合（ほとんどは、脳の機能と心臓はほぼ同時に停止する）や、心停止後に腎臓やすい臓、角膜などの臓器提供をする場合は、「呼吸停止」「心拍停止」「瞳孔散大・対光反射消失」の3兆候が確認され、生物学的に死んだとされた時点で、法律的にも死んだと判断される。


　臓器移植法の施行以降で、脳死で臓器提供をした人は2024年9月末で1117例なので、ほとんどのケースは、生物学的な死をもって法律上の死とされている。ちなみに、2010年に改正臓器移植法が施行され、本人の臓器提供の意思が不明でも、家族の承諾があれば臓器提供できるようになった。改正以降の脳死臓器提供は2025年2月25日現在1087例あるが、そのうち、864例は、本人の意思が不明で、家族の承諾で提供されている。本人の意思表示があったのは223例しかない。医療者から「脳死とされ得る状態です」と言われても、本人の心臓はまだ動いているうえ、本人の提供意思がわからないのに、待ったなしの状況で臓器提供を決断し、脳死判定を受ける家族の気持ちはいかばかりかと思う。

私自身は、もし脳死状態になって、私の臓器を活用できる患者さんがいるのであれば、何でも提供してもよいと思っていて、臓器提供意思カードにも記載している。

2021年に内閣府が「移植医療に関する世論調査」をおこなっているが、「自分が脳死と判定された場合または自分の心臓が停止し死亡と判断された場合に、臓器提供をしたいか」という問いに対し、「提供したい」人が39・5%（「提供したい」15・3%＋「どちらかといえば提供したい」24・2%）なのに対し、「提供したくない」人は24・3%と、提供したい人は4割近くもいるうえ、提供したくない人よりも多い。もっともこの調査では、脳死または心停止後に提供したいかと聞いているので、脳死になった場合にどのくらいの人が臓器提供したいのかは把握できない。「提供したい」と回答した人のなかには、心停止後になら臓器提供をしてもよいと考える（脳死の時には提供したいとは思わない）人が多いのではないかと、個人的には想像する。

脳死での臓器提供は、「自分の臓器を提供したいか」という問題以外に、「脳死になったら、法的に死んだと判断されてもいいか」という問題もある。実は、日本の社会では後者の議論が醸成されていないと私は感じている。

法的に死んだとされる状態が人によって異なる

なぜなら、心臓が動いていても脳死になった場合、「心臓を提供するなら法律的に死亡」となるが、「心臓を提供しないなら、法律上は生きているし、そもそも脳死判定もしない」というように、法的に死んだとされる状態が、人によって異なるというのはおかしなことではないかと思うからだ。それでは、ほかの国ではどうなっているのかをみてみたい。

例えば、アメリカ、カナダ、オーストラリアでは日本と同様で、本人の意思が不明であれば家族が提供を承諾すれば臓器提供が可能となっているが、ベルギー、オーストリア、フランス、スペインのように、脳死になった場合、本人が拒否していない限り、臓器提供が可能である国もある。しかし家族の承諾があれば本人が拒否していない限り、臓器提供が可能なアメリカ、オーストラリアでは、法律で「脳死は人の死」とされている点が日本とは異なる。ほかにも、フィリピン、シンガポール、デンマーク、スウェーデンでも、脳死は人の死とされているし、台湾、ベルギー、フランス、カナダでは、法律では規定されてはいないものの、医師会では、脳死は人の死であるとされている。

臓器提供をするかどうかには関係なく、日本では、「心臓が止まった時が法律上の死」「心臓が動いているが、心臓を提供するので、脳死が法律上の死」「脳死になっていると思われるが、心臓を提供しないので、心臓が止まった時が法律上の死」の三段階の法律上の死がある。人によって、死の瞬間が異なることについて世論はどう考えるのか、議論の必要があるのではないかと思う。

心肺蘇生措置をする場合、法律上では死んでいない

さらに日本では、生物学的には死んでいるのに、法律上では死んでいないとされることもある。心肺蘇生措置をする場合がそれにあたる。心肺蘇生とは、心臓や呼吸が止まってしまった人を助けるために、胸骨圧迫などの措置をおこなうことだ。

例えば患者が心肺停止の状態で救急車が呼ばれた場合、いくら生物学的に死んでいるとしても、医師でなければ死亡診断はできないので、法的には死んでいないことになる。そのため、救急隊員は心肺蘇生をしながら病院へ搬送することになる。DNAR（Do Not Attempt Resuscitation）とは、心停止または呼吸停止した場合に、胸骨圧迫などの心肺蘇生措置を拒否する意思表示のことだが、患者が生前にDNARの意思を示していたとしても、自宅などで急変すると、動転した家族や周りの人が救急車を呼ぶことが多い。総務省消防庁の『救急業務のあり方に関する検討会 報告書』によれば、その場合、何らかの対応策を定めている消防本部は、

2021年には61・6%しかなく、しかもその対応策に従い、救急隊員は心肺蘇生を実施せざるを得ないことが多かった。しかし愛知県の日進《にっしん》市や長久手《ながくて》市などでは、2023年度からは、患者の意思を尊重して蘇生措置をしない方針に変更するなど、かかりつけ医に連絡したうえで蘇生措置をしない、あるいは中止することができるような運用にシフトする消防本部が増えている。

さらに病院では、家族が病室に到着するまで、心停止している入院患者の胸骨圧迫をするケースも多い。「看取ることができた」という家族の思いに配慮してのことだ。つまり、心肺蘇生をする場合には、生物学的に死んでいても、蘇生を中止した時刻が法的に死んだ時刻となるが、患者がDNARの意思を表明しているなどにより、心肺蘇生をしない場合には、生物学的に死んだ時刻が法的な死の時刻となる。このように日本では、蘇生措置をおこなうかどうかで、法的な死の瞬間が異なるうえ、消防本部によって対応策が異なるため、DNARの意思を示していれば、救急隊員は蘇生をしない地域と、患者本人の意思表示があっても、蘇生をする地域が混在しており、法律上の死の瞬間が地域によっても異なるという、きわめてあいまいな状況にある。

3．文化的な死

本当に死んだのか確認する意味合いをもつ殯

死について考える3つ目の視点は「文化的な死」だ。例えば、身内や親しい人が亡くなった時、遺体に話しかけることはないだろうか。生物学的にも法律的にも亡くなっていることはわかっていても、死者に対して、単に眠っているだけのごとく向き合うことがあるだろう。遺体を安置する時、遺体の枕元に団子やごはんを供えることがあるが、その理由には諸説あるものの、あの世への旅の途中でお腹がすかないようにという意味合いがあるとされている。本当に亡くなっていれば食べられないのだから、食べないお供えがフードロスになるのはもったいないと思うが、そんなことを考える遺族はほとんどいないだろう。

私が小学校にあがるかどうかという年齢の頃、曾祖母が亡くなり、遺体が自宅に安置されたのだが、大人たちが目を離したすきに、妹と一緒に、動かない曾祖母とままごとをしながら、枕飯や枕団子を食べてしまったことがある。

かつて土葬だった時代には、遺体を納棺して安置し、故人に食事を供え、嘆き悲しみ、歌い踊り、死者の霊を慰める儀礼をしながら、遺体の腐敗・白骨化などの物理的変化を確認する作業をしていた。これを「殯《もがり》」と呼ぶ。

『古事記』には、天若日子《アメノワカヒコ》が死んだとき、父である天津国玉神《アマツクニタマノカミ》が下界に降りて喪屋を建て、関係者が集まって、八日八夜の殯をしたという記述があるし、『魏志倭人伝』には「始め死するや停喪十余日、時に当たりて肉を食わず、喪主哭泣し、他人就いて歌舞飲酒す」という記事があり、3世紀の邪馬台国では、死後少なくとも10日間は遺体を土葬せず、その間は肉を食べず、喪主は泣き続け、その他の人は共に飲酒し、歌い踊ったとされている。死者の前で酒を飲んだり、歌い踊って賑やかにしたりすることで、死者は目を覚ますのではないかという期待もあったのだろう。

その意味では、幼少期の私と妹が、遺体となった曾祖母と一緒にままごとをし、お供えを食べてしまったのも、殯の一種だったといえるかもしれない。

また上皇さまは、2016年8月、天皇だった時代に、「天皇の終焉に当たっては、重い殯の行事が連日ほぼ2か月にわたって続き、その後喪儀に関連する行事が、1年間続きます」と述べられている。

殯には、本当に死んだのか確認してみようという意味合いがあったのではないかとされているが、この状態は、生物学的にも法律的にも亡くなっているが、文化的には死んでいないということになる。

それでは、いつまで文化的には「死んでいない」とされるのだろうか。1つは、火葬されるまで、だろう。前述したように、遺体に対して、遺族や周りの人は生きているかのように対応する。葬祭業者は、最後の入浴と称して遺体の湯かんをすすめるし、おくりびとは生前の写真をもとに、遺体に死化粧《しにげしょう》をしたり、故人愛用の服を着せたりする。火葬場へ向かう出棺前には、「最後のお別れです」などと葬祭業者がうながし、参列者がひつぎの中に花を入れる。かつては、火葬炉にひつぎが入り、ドアを閉めるボタンを喪主が押すこととしていた火葬場が多かった。遺族のなかには、自分が遺体に点火してしまったようでつらかったという人が少なくなかったようだ。これも、文化的には死んでいない遺体に、自分の手で点火してしまったという気持ちの表れだと考えられる。

私の夫は突然死だったので、死因を解明するため、遺体は私の承諾なしに行政解剖にまわされた。監察医務院から返ってきた遺体を見ると、のどが掻き切られた跡の縫い目は目立つし、頭蓋骨の縫い目には頭髪も一緒に縫い込まれており、「かわいそうに」というのが、最初の感想だった。「痛かっただろうな」とも思った。冷静になって考えてみると、もう生物学的には死んでいるのだから、解剖されても痛いはずがないし、縫い目が雑で汚くても、まもなく火葬されるのだから、どうでもいいのかもしれない。しかし、痛かっただろうなと思うのは、文化的にはまだ死んでいないという感覚が無意識のなかにあるからだ。

ところが火葬された遺骨を見たとき、「もしかしたらまだ死んでいないかもしれない」とは、多くの人は思わないだろう。大昔には、遺体が腐敗していくさまを見て、本当に亡くなったのだと確認したように、現代の殯では、火葬によって遺体が遺骨へと変化することを確認することで、私たちは故人の死を五感で実感しているといえる。

文化的には死んでいないとされる風習がお盆

しかし遺骨になったからといっても、文化的には死んでいないとされる風習が日本にはある。お盆の習慣がその一例で、お盆は死者にとって、年に一度の、3泊4日の里帰りの期間だ。子孫は、先祖が迷わずに家まで帰るための目印として、8月（7月）13日の夕方に玄関先や庭などで迎え火を焚き、16日の夕方には、あの世へ無事に帰るための出発地点として送り火を焚く。最近では、迎え火の代わりに、室内で電球式の盆提灯をともすことも一般的になっているし、送り火のなかには、京都の五山送り火や九州の精霊流しなど、地域でおこなう行事もある。また地域によっては、なすときゅうりに割りばしやつまようじなどを刺し、なすを精霊牛、きゅうりを精霊馬に見立て、先祖があの世とこの世を行き来するための乗り物を供える習慣がある。きゅうりの精霊馬で早くあの世から戻ってもらい、なすの精霊牛でゆっくりあの世へ戻ってもらおうという考えもある。

さらに盆踊りは、先祖の送別会でもある。やぐらに先祖の霊がおり、それを囲むように住民が輪になって踊る。盆踊りが夜におこなわれるのは、夏の日中は暑いからというだけでなく、あの世の昼間であるこの世の夜の間に、先祖にあの世へお帰りいただくためだとされている。盆踊りのやぐらは、太鼓をたたいたり、お手本の踊りを示したりする人が上がる場所だと思っている人は少なくないが、死んだ人は高さがあるものしか見えないという迷信があり、亡くなった人がいる場所とされている。仏壇にご飯を供える時には、お茶碗にご飯を山高に盛り、その山に箸を突き立てるのが慣習とされているが、これも、故人は高いものしか見えないという迷信に基づいたものだ。

小中学生の意識調査で「死んだ人が生き返る」が15・4%

長崎県教育委員会が県内の小中学生約3600人を対象に2005年に実施した意識調査で、15・4%が「死んだ人が生き返る」と回答したという結果が公表されると、「これは大変な問題だ」と、当時、大きな話題になった。生き返ると思った理由として最も多かったのは「生き返る話を聞いたことがあるから」(49・3%)で、「テレビや映画などで見たことがあるから」(29・2%)、「ゲームでリセットできるから」(7・2%)となっていた。

1990年代末頃から2000年代はじめに大ヒットした映画『リング』シリーズで描かれた「貞子」は、死んでいるはずなのに、呪いのビデオの画面から、髪を振り乱しながら出てくるシーンが観客を震え上がらせた。この頃はちょうど、電子ゲーム「たまごっち」の流行が小学生に再燃化していた時期とも合致する。たまごっちは死んでも、ボタンを押せばリセットすることができ、新たなたまごっちが誕生する仕組みだ。祖父母など身近な人の死を経験していなければ、子どもたちが、メディアやゲームの世界で描かれる「死んだ人が生き返る」というイメージを持っても不思議ではない。

それから20年ほどが経過し、今の小中学生はどう考えるだろうか。最近の調査が見当たらないので想像するしかないが、死んだ人が生き返るというイメージを持っている子どもはいまも少なくないのではないかと思う。おまけにこれからの時代、個人データやAIを駆使すれば、死者は「復活」させられる可能性もある。死者の肉体がよみがえるわけではないが、AIの死者と会話ができる時代がすぐそこまできている。

生物学的に死んでも人は生き返ると思っているなら、殺人をしても大丈夫という考えの子ど

仏壇のある部屋がある家は少なくなった

もが出てくるかもしれないと、懸念する人がいるかもしれないが、生物学的に死んでも、文化的には「死んでいない」とか「生き返る」、「戻ってくる」といった感覚は、多くの人にあるだろう。

核家族化が進むにつれ、自宅に仏間がある家屋は少なくなった。昔ながらの家屋には先祖をまつる専用部屋があり、長押《なげし》に先祖の写真を置き、仏壇には毎日、お茶や食事を供えたし、旅行のお土産に近所の人からお饅頭をもらうと、まず一番に仏壇に供え、それから家族で食べるのが当たり前だった。仏壇の前に座って、心の中で故人に向かって「おはようございます」「おやすみなさい」とあいさつする人もいるだろう。日本では、生きている人と死者が同じ屋根の下で同居するのが、かつてのライフスタイルだった。死者は姿が見えないだけで、死んでも家の中にいて、子孫を見守ってくれている存在だった。言い方を変えると、死者は文化的には死んでいないといえるだろう。

インドネシアのバリ島には、ヒンドゥー教の人が多く住んでいる。ヒンドゥー教では人が亡くなると、火葬をすることで故人の霊が浄化されると考えられているが、火葬といっても日本とは異なり、野焼きなので、時間や労力、お金がかなりかかる。一般の住民にはそれだけのお金がないので、ひとまず死者を墓地に土葬し、お金を工面できた段階で遺体を掘り起こし、火葬をすることが一般的だ。とはいえ、亡くなってから火葬をするまでには、数年から10年以上かかる場合もあるし、最近では、費用を節約するために、集落ごとに合同火葬をすることが多い。そのため、バリ島では、火葬の日取りが数か月前から公開されていて、その日には広場にいくつものひつぎが並べられ、お祭りのような雰囲気すらある。

何年も土葬していた遺体を掘り起こして野焼きをするのだから、もはや野焼きする必要はないのではないかとも思われるが、この土葬期間は文化的には死んでいない状態であり、火葬することで初めて、故人は文化的に死んだことになる。

4．社会的な死

みんなの記憶から死者がいなくなった時

死を考える4つ目の視点は、「社会的な死」だ。みんなの記憶から死者がいなくなった時が社会的に死んだことになる。

2018年に日本で公開され、大ヒットしたディズニー・ピクサー映画『リメンバー・ミー』（原題は“Coco”）では、この社会的な死をテーマとしていた。子孫の自宅に遺影が飾られていない死者は、死者の日にこの世に戻れないという設定で、生者の記憶から忘れられた時が、死者の永遠の死を意味するというストーリーだ。

この映画の舞台はメキシコで、死者の日は2003年に「死者に捧げる先住民の祭礼行事」として、ユネスコの無形文化遺産にも登録されている。メキシコの死者の日は、もともと先住民のアステカ族のお祭りで、スペインによる統治の時代にカトリックの影響を受け、土着文化と融合して現在の形になったとされている。死者の日自体はカトリックの記念日で、メキシコでもどこの国でも11月2日とされている（メキシコでは11月1日は子どもの魂が、2日は大人の魂が戻ってくるとされている）。メキシコでは、家庭に大きな祭壇を作って死者の魂を迎えるほか、骸骨メイクをした人たちがパレードをするが、カトリック信者が多いその他の国では、親族が墓地の前でピクニックをする。例えばフィリピンでは、お墓の前にテントを立て、徹夜でマージャンやカラオケをしたり、ごちそうを食べたりして過ごす。死者と生者が一晩を一緒に過ごすのが、カトリックの死者の日だ。

沖縄のお墓

沖縄にも、清明《シーミー》という、死者の日に似たような日がある。もともとは中国の習慣で、旧暦3月の清明節（新暦の4月初旬）に、親族がお墓の前でお重料理を食べたり、カラオケをしたりする。沖縄の伝統的なお墓には、みんなで集まれるスペースがある点が本土のお墓と異なる。

フィリピンでは、中華系の富裕層はまるで一軒家のようなお墓を建てる。室内にはダイニングテーブルやキッチンなども完備され、死者の日には、クーラー付きの部屋で家

フィリピンの一軒家のようなお墓

族が死者と過ごせるようになっている。年に一度の日のためにこんな「お墓」を建てるなんて、びっくりする。

いつかは死者は社会的に死んでしまう

死者と子孫が共に過ごし、死者を忘れないようにするというのは、死者を社会的に死なせない試みでもある。ただし生前に会ったことがない死者は、誰かがその死者のことを語り継がない限り、生きている人の記憶にはそもそもいない。また死者が社会的に生きていられるのは、生きている人の記憶にとどまっているからであって、その人が亡くなれば、死者の記憶もなくなってしまう。つまり、いつかは、死者は社会的に死んでしまうことになる。

お葬式で、遺族が「故人のことを忘れないでください」とあいさつする光景をよく目にするが、死者を忘れないことこそが、死者を社会的に死なせないことなのだ。

「先祖代々の墓」と刻んであるお墓にお参りをしても、多くの人は「先祖」という、名前を知らない大勢の血縁者に手を合わせているというよりは、両親や祖父母など、生前を知っている故人を想っていることが多いのではないだろうか。子孫がいても、歴代の先祖が社会的に生きているわけではない。その人のことを思い出す人がいなくなれば、血縁者がいようとも、社会的な死を迎えるのだ。

5．死んだらどうなるのか

日本人が考えてきた6つの死後の世界

それでは次に、死者のいる場所はどこなのか、について考えてみたい。私たちは、死んだらどうなるのだろうか。死後の世界はあるのだろうか。あるとすればどんな世界なのだろうか。

ところで、この著書のタイトルにも「死生観」という言葉が入っているが、死生観とは、『生命倫理事典』によれば、「いかに生きるか考えること」と書かれてある。しかし一般的には、死生観というと、「死んだらどうなるのか」とか、「どのような最期が理想なのか」とか、「どのような心持ちで死を迎えるべきか」というように、死に焦点をあてた価値観を指すように思う。

お坊さんたちのなかには「死生観」とは言わずに、「生死観」という人が多いが、「生」に重点を置いて「死」について考える意識を「生死観」、一方、「死生観」は「人間は死すべき存在だ」ということを前提に、「生」について考える思考を指す。厳密にこの言葉を使い分けるならば、例えば、「私たちは生きてきたように死んでいく」という考え方は、生死観と呼べるのかもしれない。

仏教に「生死一如《しょうじいちにょ》」という教えがある。私たちは生きていれば必ず死ぬし、死ぬということはそれまで生きていたというわけで、死と生は切り離すことができない一連の事象だという意味だ。

もしも私たちが死ななくなったら、健康に注意しようと思わなくなってしまうし、自然災害に備える必要もない。住む家がなくなっても死ぬことはないし、お金がなくても食べ物がなくても、寒いとか、お腹がすくといった感覚はあるとしても、死ぬことはない。寝たきりになっても、重い病にかかっても、死ぬことはないので、介護や看護をしてもらえないかもしれない。

私たちは必ず死ぬ運命にあるからこそ、限られた生の時間を一生懸命に生きようという考え方が「生死一如」であり、生死観だ。

一方、死生観は、死とは何かに着目した考え方を指すことが多いので、私は「死観」と呼んでいる。なぜなら、英語では、日本人のいう「死生観」に当たる単語は、"death perspectives"だからだ。「あの世観」とか「来世観」「霊魂観」という言葉も、死観のひとつの言い方だ。

それでは、日本人はどんな死観を持っているのだろうか。そもそも霊魂はあるのだろうか。文化的な死については前述したが、お盆に死者が帰ってくるという感覚は、死者の霊魂はあるという前提で成り立つ。

① どこか別の世界へ行く

最初に挙げるのは、「どこか別の世界へ行く」という感覚だ。あの世、極楽、天国や地獄、黄泉の国、三途の川など、死者が行く世界を表す言葉はいくつもあるし、仏教、キリスト教、イスラム教、ユダヤ教、ヒンドゥー教など伝統宗教では、死者の魂は別の世界に行くと説いている。

日本には「死出の旅」という言葉もある。あの世とこの世の境に「死出の山」と「三途の川」があり、死者はこれを越えていくという。平安末期の鳥羽天皇（1103〜1156年）は「常よりも睦まじきかなほととぎす死出の山路の友と思へば」という辞世の句を残している。鳥羽天皇は熱心な仏教徒だったそうだ。

日本仏教では、あの世とこの世の間を中有《ちゅうう》とか、中陰《ちゅういん》と呼び、死後49日はあの世とこの世の間をさまようと考えている（ただし浄土真宗にはこうした考えはなく、どんな人も死ぬとすぐに、極楽浄土へ行くと説いている）。死後の世界には10人の王（仏）がおり、生前のおこないによって死者が地獄へ行くか、極楽へ行くかを裁判し、決定するという。こうした裁判の様子を描いた「地獄絵」や「十王図」は、古いお寺や博物館などに収蔵されているので、目にしたことがある人は少なくないだろう。

例えば死後、最初の1週間（初七日）に現れるのが不動明王で、今までに殺生をしたかどうかを判定するそうだ。次いで2週目が盗みの経験について判定する釈迦如来、3週目は配偶者以外との肉体関係や邪念を持った経験について文殊菩薩が判定し、4週目は、普賢菩薩がうそをついた経験について判定した後、5週目は地蔵菩薩（閻魔大王）が死者の行き先を決定し、6週目は弥勒菩薩が生まれ変わる場所を決定し、7週目（四十九日）は薬師如来が生まれ変わる条件を決定することで死者の処遇が最終的に決まり、指示された場所へ向かうという流れだ。

仏教の世界観には、生命が生まれ変わる6つの世界として「六道」（地獄道、餓鬼道、畜生道、修羅道、人間道、天上道）がある。しかし、死者が地獄道、餓鬼道、畜生道、修羅道といった場所へ行くことになっても、100日目に観音菩薩、1周年に勢至菩薩、3周年には阿弥陀如来が再審をおこない、遺族が供養を続けていれば、死者は極楽へ行けるというのが仏教の教えにある。仏教では、亡くなって四十九日にあたる7週間後までは七日ごと、その後は一周忌や三回忌の法事をしてきたが、これは、死者が地獄道や畜生道に行かないで済むように、遺族が裁判官に陳情の援護をしていることになる。逆に言えば、死者が生前は良い人だったならば、閻魔大王の判決で地獄には落ちないはずだから、遺族は法事をする必要はないのではないかと、私は思っている。さらに、仏教の教えによれば、私たちはあの世でも人間であるとは限らない。悪行の報いとして畜生道に行くことになれば、鳥や獣、虫や魚などに生まれ変わるわけで、あの世で死者と会えるとは限らないことになる。

にもかかわらず、私たちは、あの世で死者と再会できるに違いないという期待を抱いているようで、母親が亡くなった時、「あの世でお父さんと会えますように」といった弔辞を、息子や娘が言うことがしばしばある。

あの世で会いたい人がいるならば、会いたくない人もいるかもしれないのに、不思議なことに「大嫌いなあの人にあの世で再会したらどうしよう」と、不安に思う人はほぼいない。もう一度会いたい人しか存在しないのが、それぞれの人が思う「あの世」のイメージである点が興味深い。

また特定の宗教の信者ではない人は、死者が行く「あの世」について、「天国」と表現することが多いようで、仏教のお葬式で、「天国で安らかにお眠りください」と、故人に呼びかける人は少なくない。もちろん、仏教ではあの世のことを「天国」とは言わず、「浄土」と表現する。なぜか、天国では「眠る」というイメージが強いが、キリスト教では天国とは、キリストによる最後の審判がおこなわれ、認められた死者だけが神から永遠の命を授かり、復活する場所を指す。死後、永遠に天使やキリストと過ごす場所が天国であり、死者は永遠に眠っているわけではないはずだ。

イスラム教でも、キリスト教と同様に、死んだら神の審判を受け、判決の日に肉体と魂が再び合体し、永遠の命を授かって復活すると信じられているので、遺体は必ず土葬する。火葬してしまうと肉体がなくなり、復活することができないのだ。とはいえ、土葬しても肉体は朽ちるのだから、神の国で復活できないのではないかと私は思う。

② 超越的な存在になる

死者の行き場として2番目に挙げるのは、超越的な存在になるというイメージだ。例えば、死んだ人は宇宙と一体化するとか、祖霊になるという感覚だ。死者は死後ある程度の期間を経ると、個性を失い、祖霊になると考えられてきた。一般的に仏教では、三十三回忌とか五十回忌を終えると、「弔いあげ」とされてきたが、この弔いあげをもって、死者は祖霊として先祖という集団のなかに一体化していくとされている。しかし昨今では、死亡年齢が高齢化していることもあり、死者が個性を失うまでの期間が早くなり、十三回忌で弔いあげとする家庭が増えている。死者が祖霊になるタイミングが早まっているともいえるかもしれない。

③ 魂が肉体から離れて、ほかの肉体に入る

3番目は、魂が肉体から離れて、他の肉体に入るというイメージだ。輪廻転生とか生まれ変わりがこれにあたる。日本仏教では死後、閻魔大王によって何に生まれ変わるかが決定されるということは前述したが、タイやカンボジア、ベトナムなど上座部仏教を信仰する人たちは、特に輪廻転生を信じている。例えば、現世で起きていることはすべて前世のおこないによるもので、善行や功徳を積み重ねれば、来世で幸せに生まれ変わると信じている。最大の功徳は僧侶として出家することだが、僧侶に食事を喜捨することも功徳とされているので、タイやラオス、カンボジアへ行くと、早朝、僧侶が持つ鉢にご飯やおかずを入れている人たちをよく目にする。また輪廻を信じているので、上座部仏教の国では、中国系住民以外は、火葬した遺骨は川や山などへ散骨することが多く、お墓を作らないし、お墓参りの習慣もない。

チベット仏教では、200人ほどいる高僧は生まれ変わりによって代々継承されると信じられている。最高指導者であり、ノーベル平和賞を受賞したこともある現在のダライ・ラマは14

世なので、ダライ・ラマは13回も輪廻をしていることになる。14世は2025年に90歳になるため、死後にどこに生まれ変わるかをそろそろ自ら予言するとみられている。

またダライ・ラマに次ぐ高僧であるパンチェン・ラマは、10世が1989年に亡くなった。ダライ・ラマ14世がパンチェン・ラマ11世として少年を認定したが、チベット仏教への統制を強める中国政府も独自に別の少年をパンチェン・ラマ11世と認定しており、ダライ・ラマ側が選んだ少年は認定直後に連れ去られ、30年近くも行方不明となっている。2023年には、2012年に亡くなったモンゴルでの最高位の僧侶の転生者として、ウランバートルに住む8歳の少年が選ばれている。このようにチベット仏教では、高僧は人々を宗教的に指導する役割を担うために、何度でも人間に生まれ変わると信じられているのだ。

一方、仏教でお葬式を出したとしても、輪廻転生を信じている日本人はどれほどいるだろうか。現代では、多くの日本人は輪廻を信じていないだろうが、「生まれ変わってもまた一緒になろうね」と夫婦が誓い合うことはあるし、祖父が亡くなって間もなく赤ちゃんが誕生すると、「おじいちゃんの生まれ変わりかも」と言ったりする人もいる。お墓参りをする時に、アゲハ蝶がお墓の周りを飛んでいたら、「死んだ○○は、アゲハ蝶になって私に何かを伝えに来た」などと言う人もいる。

④ この世になんらかの形でとどまる

4番目は、死者はこの世になんらかの形でとどまるというイメージだ。仏壇に毎朝夕、ご飯を供えたり、あいさつをしたりするのは、死者は目には見えないだけで、この家にとどまっているという感覚を無意識に持っていることの表れだ。

お墓参りをするときには、故人が好きだったお菓子や飲み物を供えたりしないだろうか。私の知り合いは、無類のコーヒー好きだった亡き夫のお墓参りには、自宅からコーヒーを入れたポットを持参し、墓石には夫愛用のカップにコーヒーを入れて供え、知人もそこで一緒にコーヒーを飲むそうだ。故人の誕生日には、仏壇の前にケーキを供える人もいるだろう。亡くなっているのだから、死者は飲んだり、食べたりできないことは重々わかっていても、お墓や仏壇の前に立つと、そこに死者がいるような気になる人は少なくないだろう。心の中で、死者に話しかけたりする人は多いはずだ。

20年近く前に『千の風になって』という歌が流行したが、「朝は鳥になってあなたを目覚めさせる　夜は星になってあなたを見守る」という歌詞や、「千の風になってあの大きな空を吹きわたっています」という歌詞も、まさしく、この世に形を変えてとどまっているという感性にマッチしている。

日本人のメンタリティに合う歌詞だったことで大ヒットしたが、もともとはアメリカ人が作った詩で、9・11の同時多発テロで父親を亡くした11歳の少女が、グラウンドゼロでおこなわれた一周年の追悼式で朗読したことで、注目された。『千の風になって』の歌詞は、その日本語訳だ。私は、この詩がアメリカで多くの人に共感された点に注目している。なぜなら、キリスト教やイスラム教では、死後は神の国で永遠の命を生きると信じられているはずだからだ。それなのに、死者はこの世にとどまって、自然と一体化するという感覚に共鳴する人が少なくないことは、とても興味深い。

ちなみに、『千の風になって』が日本で大ヒットした時、霊園業者と僧侶のなかには、由々しき事態だと騒いでいる人たちが少なくなかった。「お墓のなかにはいない」という趣旨の歌詞のせいで、お墓が売れなくなったらどうしようと霊園業者は心配していたし、僧侶は、「日本人の信仰心が薄らいでいるのではないか」と憤っていた。確かに仏教では、死んだ人は浄土へ行くという考えがあるのだろうが、新しいお墓や仏壇に開眼供養をしたり、墓じまいや仏壇じまいをするときには閉眼供養や魂抜きと称する法要をしたりするのはどう説明できるのだろうか。死んだ人はお墓にいるのであれば、浄土にはいないことになるのではないかと、私はずっともやもやしている。

また、死者はこの世にとどまるというイメージは、日本国内でも地域によって、さまざまな民間信仰がある。例えば、沖縄ではニライカナイ（「海のかなた」という意味）という信仰があり、人の魂はニライカナイからやってきて、死んだらニライカナイへ戻っていくと信じられている。ニライカナイは人の魂だけではなくて、旧正月にはニライカナイから神がやってきて、村々へ豊穣をもたらすとも考えられている。そのため、ニライカナイの神を祀る場所は、水平線を見渡せる浜や崖の上にあることが多い。

海のかなたに死者が帰るという民間信仰に対し、山へ帰るという山岳信仰もある。例えば、山形の出羽《でわ》三山のひとつ、月山《がっさん》は死者が帰る場所として信仰されており、お盆の初日8月13日には、月山神社で柴燈《さいとう》の火が迎え火として焚かれ、死者を迎えに、子孫が月山に登る習慣がある。こうした山岳信仰は日本中の至るところにある。

同じく山形県内の鶴岡市には、三森山《みつもりやま》という、やはり死者が帰るとされる低山がある。お盆にこの山へ登ると、亡くなった親の声を聴くことができるとか、死者にそっくりな人に会うことができるといった言い伝えがある。

富山県の立山は地獄に落ちた人が行く場所で、遺族が立山へ登れば、死者が成仏できるという信仰があるし、最近になって再び脚光を浴びている和歌山県の熊野古道には、「亡者の出会い」という場所があり、そこで死者に出会えるとされているし、那智勝浦にある阿弥陀寺は、死者の霊魂が参拝する場所として知られ、人が誰もいないのに鐘がかすかな音を立てるなど、数々の言い伝えがある。青森県の恐山《おそれざん》も、下北半島では「死んだら、恐山へ行く」という言い伝えがあり、死者と会える場所として全国から参拝者が絶えない。

⑤　死者は生きている人の記憶にとどまる

5番目には、死者は生きている人の記憶にとどまるという感覚だ。死者は生きている人の心の中で生き続けている限りは社会的には死んでいないという視点については前述したが、このイメージがこれにあたる。死者のことを思い出すとき、死者は記憶の中でよみがえる。

例えば、私は岡山の白桃をみると、「おばあちゃんが夏休みによく剝いてくれたなあ」と思い出すし、お世話になった大学時代の恩師のお墓がある「木更津《きさらづ》」という地名を耳にすると、恩師の言葉を頭のなかで思い返す。街中でも、一緒に行ったレストランの前を通りかかったり、思い出の場所がテレビで紹介されたりすると、死者のことを懐かしく思い出す。このように、死者は記憶の中で生きており、心の中にいるとか、そばにいるという感覚を持っている人は多いはずだ。

⑥ 死者は無になる

最後の死観は、死者は無になるという視点だ。あの世とか霊魂といったものは存在せず、死んだら無になるという考え方だ。宗教の信仰を持たない人の中には、死んだら終わり、と考える人は少なくないかもしれない。

しかし死ねばすべてが終わりだとすれば、この世で生きている間を精一杯楽しもうという発想になる。それはいいのだが、輪廻も因果応報も、死後に神や仏の裁きもないのであれば、犯罪や悪いことをしたもの勝ちだ、と考える人もいるかもしれない。しかも一度だけ罪を犯そうが、何度も悪いことをしようが、死ねば無になるのであれば、犯した犯罪の回数や犯罪のレベルもあまり意味をなさない。

人生が楽しくないのなら、生きる意味はないし、仮に楽しくても、死んだらすべて終わりなのであれば、人生を充実させる意味もなく、適当に時間が過ぎるのを待てばいいかもしれない。そんな発想にならないよう、あらゆる宗教は、死んでも無にはならないと教えている。日本の仏教のなかには、浄土真宗のように霊魂の存在を否定する宗派もあるが、霊魂はないにしても、浄土真宗も、死んだら無になると説いてはいない。

実は私自身は、自分が死んだら無になると考えている。しかし同時に、私のことを思い出してくれる人がいるとすれば、その人が生きている間、その記憶の中で生き続けるとも考えている。だから、「死んだら終わりなんだから、生きているうちに好き勝手すればいいじゃないか」とは、私は考えない。死んだら無になり、死者は人の記憶の中でしか蘇ることができないと思っているので、死んだあとがどうなるかといった、考えても答えが出ないことを考えるのではなく、与えられた時間を一生懸命に生きようと思っている。それが私の死観だ。

ある時、浄土真宗の大学院まで修了した優秀な若い僧侶から、「小谷さんは来世観がないのですね」と指摘を受けたことがある。私は「あの世や極楽はないだろう」という来世観を持っているので、来世観がないわけではないのだが、その僧侶に、「それでは、あなたの来世観は？」と私がたずねたところ、阿弥陀さまを安置した寺院の本堂のイメージが彼の来世観だと答えてくれた。わかったような、わからないような答えだったのだが、私の自宅には和室がないこともあって、死後、本堂のような雰囲気の世界に住みたいかと問われたら、私は住みたいとは思わないし、そこが極楽浄土なるところでも、そこへ行く人をうらやましいとも今は思わない。もちろん、地獄もないと思っているので、私は死後、拷問を受け、苦しみ続けることになると想像すらしない。仮に地獄があったとしても、そこへ移送されるほど、悪行をしていない（他人の悪口を言う、肉を食べるなどの悪行はするが、人並み以上にしているわけではない）ので、これまで亡くなった多くの人が地獄へ行かずに済んでいるなら、私も大丈夫だと思う。

あの世を信じていない人が35・6%と最も多い

私が、「死んだら終わりだ」と強く感じたのは、夫の死がきっかけでもある。寝ている間に突然、心臓が止まり、生物学的に死んでしまった夫の遺体は、死因を解明するために監察医務院へ運ばれ、内臓や脳はすべて取り出され、まるで壊れたモノを修理するかのように、ずさんな縫い目が目立つ様相で戻ってきた。とてもじゃないが、霊魂なるものが肉体から抜け出て、極楽に向かったただなんて思えるはずがない。夫の遺体を前に、私は「やっぱり死んだら終わりだ!」と思ってしまった。

ただそのおかげで、私は夫の分も合わせて二倍生きようと、心に誓った。私が主宰する、配偶者と死別した人の交流会である没イチ会では、「亡くなった配偶者の分も人生を楽しむ」というスローガンを掲げている。私は、死んだら無だからこそ、夫が経験できなかったことを代わりに経験し、夫の分も人生を謳歌するつもりだ。

いずれにせよ、死者はどこへ行くのか、死後の世界はどこにあるのかという死観は、ここに挙げた1つのイメージだけを持っている人もいるだろうし、時と場合によって、複数の死観を持っている人もいるだろう。例えば、「死者の霊魂はあの世に行ったけれど、お墓や仏壇にもい

「あの世」というものを信じているか（性別、年齢層別）

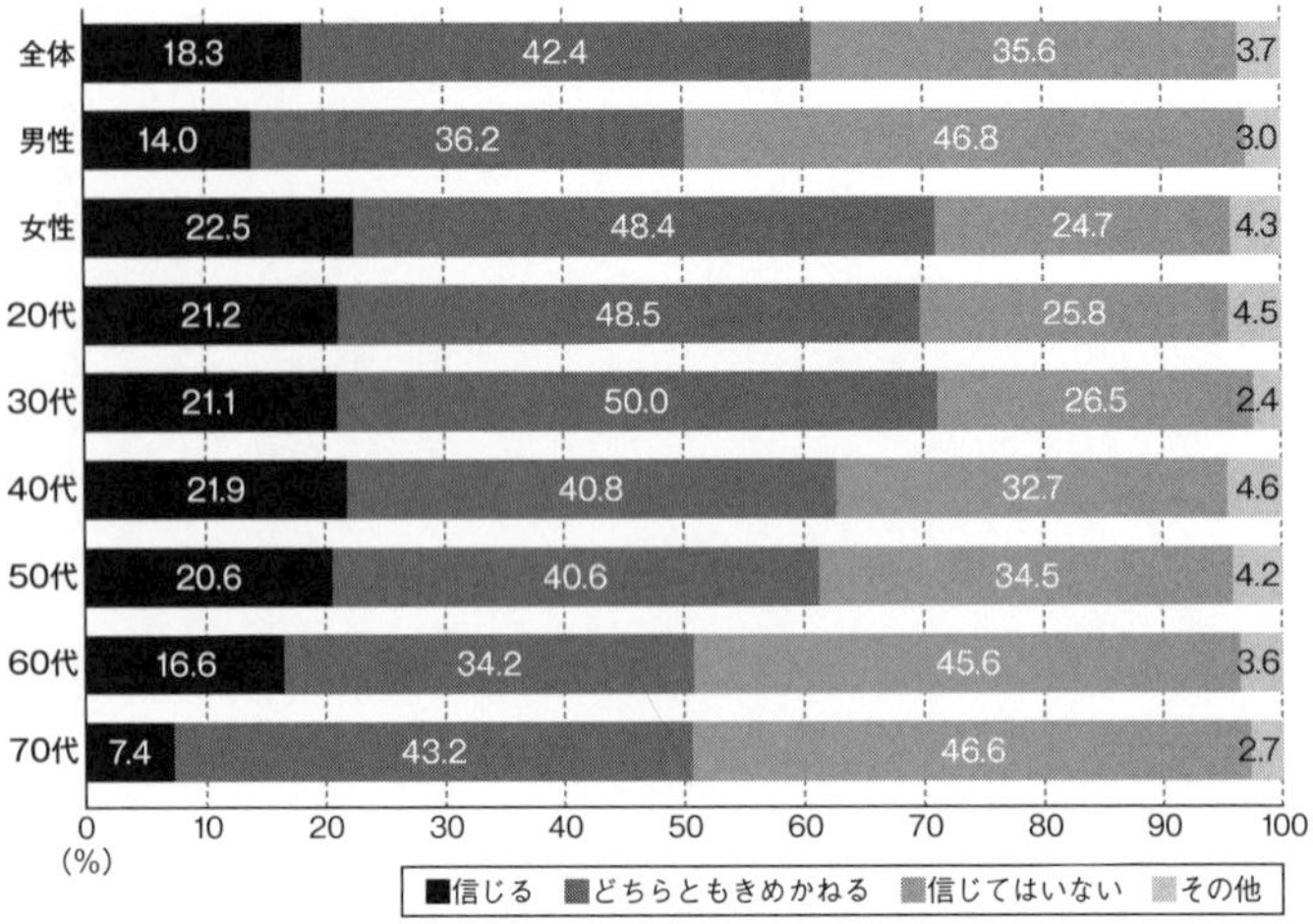

出典：日本ホスピス・緩和ケア研究振興財団「ホスピス・緩和ケアに関する意識調査　2018年」

る気がする」とか、「死んだら終わりだと思うけれど、お盆になると帰ってくる気がする」といったような感覚だ。私のように、「死んだら無だけれど、死者は人々の記憶のなかでよみがえる」という感覚も、それに含まれるかもしれない。そう考えると、人それぞれ、自分なりの死観を持っているともいえる。あの世はあると思えば、死ぬのが怖くなくなるのであれば、そう思えばいいし、不安がなくなれば、今を生きることに注力できるだろう。一方で、死んだら終わりだから、今を一生懸命に生きようと思うこともありなのではないだろうか。どんな死観であれ、今を一生懸命に生きるために、自分なりの死観を持つことが大事だと思う。

ちなみに、日本ホスピス・緩和ケア研究振興財団が2018年に実施した調査で、「『あの世』というものを信じていますか」とたずねたところ、「信じる」と回答した人は18・3%で、「信じてはいない」と回答した人（35・6%）の方が多かった。ただ、「どちらとも決めかねる」という人が42・4%もおり、「あの世があるかないかはわからない」というのが、多くの人の感覚であろう。あの世を信じる人は若い女性に多く、高齢になると信じない人が多くなる傾向にある点も興味深い。

第4章

二人称の死

身近な人の死をどう受け入れるか

1．二人称の死と三人称の死の間

「誰の死か」によって異なる死の感覚

死についての感覚は、「誰の死か」によっても、まったく異なる。具体的な例を示すと、2023年には、日本では過去最多の157万人以上が亡くなったが、この数字を聞いても、「こんなにたくさんの人が亡くなって、なんて悲しいことだ！」とは、多くの人は思わないだろう。なぜなら、この157万以上の死者のうち、ほとんどの人のことを私たちは知らないからだ。毎日のように、悲惨な事件や事故に巻き込まれて亡くなる人の報道を私たちは見聞きするが、「かわいそう」とは思っても、「涙が出るほど悲しい」とは感じないのではないだろうか。閑静な住宅街で殺人事件が起きた時、記者やレポーターが近所の人にインタビューしている光景がテレビニュースなどで流れるが、「この地域でこんな殺人事件が起きるなんて想像もしなかった。こわいですね、早く犯人が見つかってほしいです」といったようなことを言う人が多い。

でも、この被害者が親しい友人だったり、大切な家族だったりしたらどうだろうか。頭の中が真っ白になるだろうし、狂わんばかりに悲しいし、犯人のことを憎むかもしれない。自分も後を追って死にたいと思うかもしれないし、お腹がすいたという感覚がなくなり、食欲もなくなるかもしれない。夜は眠れないし、イライラもするだろうし、とにかく、自分が自分ではなくなってしまう感覚に陥ることもあるだろう。

同じひとりの人の死でも、その人と親しい人と、その人のことをまったく知らない人とでは、受け止め方はまったく異なるし、親しい人が亡くなった時は悲しいけれど、面識がまったくない人が亡くなった場合には、そもそも何とも思わないかもしれない。また顔見知り程度の人の死の場合は、訃報を聞くと、「えええ!」とは驚くが、やはりそれほど悲しいとは思わないだろう。前述した、殺人事件があった地域住民のインタビューのような反応だ。このように、死に対する感覚は、死者との関係性によって受け止め方は大きく異なる。

死を、「一人称の死」(自分の死)、「二人称の死」(身近な人の死)、「三人称の死」(他人の死)と3つに分類したのはフランスの哲学者ウラジーミル・ジャンケレヴィッチである。「わたし」にとっては、二人称の人の死は悲しいが、三人称の人の死は、「昨年、何人が亡くなった」「が んで亡くなった人が増加している」といったように、統計としての概念であると、ジャンケレヴィッチは著書『死』のなかで述べている。

私が夫と死別した話は、この著書でもたびたび触れているが、夫が亡くなったと知った周りの人は「かわいそうに」と私を慰めてくれたが（「私がかわいそうなのではなく、死んだ夫がかわいそうなのに」と、この言葉が私をずいぶん苦しめたのだが）、よくよく考えると、私と夫は赤の他人だ。夫と死別した時点で、私たちは、せいぜい知り合って20年足らずだった。しかし夫の母親は、自分が産んだ息子の死をどう受け止めるのだろうかと考えると、私よりも母親の方が「かわいそう」な存在ではないかと思った。夫の姉は、立ち直れないほど何か月も悲しんでいた。42歳で亡くなった夫とは、親も姉も兄も夫が誕生した時から42年の付き合いがあったのだから、私とは比べものにならないぐらい、付き合いは長い。２０１０年頃までの日本は、今のようにＳＮＳが発達している時代ではなかったこともあり、生前の夫は、姉や兄とは年に一度会うか会わないかという付き合いではあったものの、姉にとっては、弟の死は大きなショックだったようだ。年に一度の再会だとしても、会おうと思えば会えるということと、会おうと思っても二度と会えないという現実とでは、受け止め方がまったく違うのだろう。

親の死が「身近な他人の死」に

しかし、肉親や家族の死は悲しいか、と問われれば、そうとも限らない。昨今では、親が亡くなって、悲しいと思う人ばかりではなくなっている。核家族化が進み、子どもが成人した後は、別居するケースが増えている。親子が同居する期間はせいぜい二十数年で、その後の数十年は別居しているわけで、子どもにとっては、人生の大半は親と別居していることになる。親が身体的に自立できなくなれば、「子どもに迷惑をかけたくない」と、介護施設へ入ることが、昨今では当たり前になっている。

そんななか、親が老い、病に倒れ、亡くなっていく様を、子ども世代は身近で見る機会が少なくなっている。遺体となった親を見ても、子にとっては、三人称の死でもないが、二人称の死でもないといった感覚になる。身近な他人の死、といったイメージだろうか。これを二・五人称の死と称する研究者もいる。

ましてや、医療技術の向上で、亡くなるまでの寝たきり期間が延伸し、患者が苦しむ姿を見る時間も長くなっている。親が亡くなった時には、子どもたちは悲しいというよりは、「これで親が苦しむ姿を見なくて済む」とか、「苦しみから解放されて、よかった」という気持ちの方が強い。1章でも述べたが、終末医療の進展で余命が延びるとはいえ、患者本人のＱＯＬ（生活の質）を考えると、延命が誰にとってメリットがあるのかについて、私たちはもっと考える必要がある。身近な人の死を悲しめない背景のひとつには、終末期の延伸も挙げられる。

死を受け入れるための猶予

私には、30年以上の付き合いになるフィリピン人のホストファミリーがいる。彼らはマニラに住んでいるが、92歳のお母さんは、1年近く前に3度目の脳梗塞を起こし、目を開けているものの、呼びかけにも反応せず、意思疎通ができない状況になってしまった。24時間看護をしてくれるナースを雇い、自宅で療養している。部屋には監視カメラが付いており、私も日本にいながらにして、お母さんの様子が見られるのだが、いつ部屋を見ても、人形がベッドで寝ているといった感じだ。床ずれができているが、痛いという意思表示もできない。体調が悪くなるたびに、寝台車で病院へ運び込み、数日間の治療を受けて、また自宅へ戻るといったことの繰り返しだ。70歳近くになる長男は、「お母さんは、自分たちが死を受け入れるための猶予をくれているんだと思う」とは言っているが、お母さんのQOLを考えると、ジレンマを抱えているだろう。

先ごろ、そのお母さんはとうとう亡くなったが、危篤になってからは、狭い病室に15人以上の親族が集まり、大勢で看取った。私もビデオ電話でつないでもらい、日本から、意識のないお母さんに「さよなら」をした。私にとっては、フィリピン人の家族のきずなの強さを垣間見た瞬間だった。

また日本では、長生きする人がこの20年間、急増し、親が亡くなる頃には、子世代も体調万全という年齢ではなくなっている。「寿命を全うした」と、遺族にとって、納得のいく死が増えており、介護や看取りについてやり切った感を持つ人が多い。フィリピンのホストファミリーも、お母さんが亡くなった時には、きっと「ほっとした」という感覚を持ったのではないかと思う。

さらには、わが国では、思い出したり、偲んだりする人が誰もいない死者が増えている。社会的な死とも関連するが、2週間のうち一度も誰とも話していないなど、生前に誰ともつながっていない人は、亡くなっても、偲んでくれる人はほぼいないだろう。

実際に、2000年頃から全国の自治体では、引き取り手のない遺骨が持ち込まれる件数が増えている。遺骨の引き取りを拒否する家族がいるからという理由だけではない。核家族化が進むと、ひとり暮らしの高齢者が増え、別居の家族や親族と疎遠になっていれば、役所もその親族に連絡がつかず、引き取り手のない遺骨が増加するのだ。日本では、死後を担うのは家族や子孫の役割とされてきたが、非婚化、核家族化、長寿化など社会の変化に伴い、その前提が限界を迎えていることの表れでもある。

話を元に戻すと、「誰の死か」によって、死のイメージが異なるということを前述した。自分にとっての二人称、つまり身近で大切な人は、亡くなったら、私たちを見守ってくれている、と考える人は少なくないだろう。大切な人はどこかで見守ってくれているのであれば、生前、嫌いだった人も、私たちを見ているかもしれない。でも多くの人は、そんなふうには考えない。その死をなんとも感じない死者や、名前も顔も知らない死者までもが、どこかから自分を見ているのではないかと思うと、おちおち、裸になってお風呂にも入れない。大切な死者だけが自分を見守ってくれているという感覚は、実に自分勝手な視点なのだ。

日本人の特徴「宗教的な心」

宗教を信仰していないと言いながら、「死者が見守ってくれている気がする」とか「虫の知らせだ」などと思うのは、日本人の特徴だ。私たちは、宗教を信仰していないからといって、目に見えないものを否定しているわけではない。私はこれを「宗教的な心」と呼んでいる。

「悪いことをすれば罰が当たる」とか「お天道様が見ている」「情けは人のためならず」いう感覚も宗教的な心のひとつの表れだが、多くの日本人がこうした感性を共有していたことによって、社会の秩序が保たれてきたともいえるだろう。

日本語には「気」がつく言葉がとても多い。「天気がよい」「気力がみなぎっている」「空気がきれい」「元気がない」「気が合う」「気合をいれる」「やる気がない」「気を付ける」「気が利く」など、「気」がつく言葉を聞かない日はないぐらいだ。岩波国語辞典（第七版）によれば、「気」

とは、「心の動き、状態、働きを総合して捉えたもの」「見えないとしても身のまわりに漂うと感ぜられるもの」「口を出入りする息。呼吸」とある。「気」とは、目に見えない何かであるが、その何かを否定しないどころか、その何かを共通認識として日常を過ごしているのだから、日本人はきわめて宗教的な人たちではないかと思う。よく考えると、「気が合う」「気が合わない」という感性はきわめて曖昧だし、「気合を入れる」というのはどのようにして何を入れるのかよくわからないし。「病は気から」とか「気の持ちよう」という言葉も、気が何よりも一番大事だという意味ではあるものの、それでは、どうしたら気を持ち、未病につなげられるのかは不明だ。それにもかかわらず、私たちは、見えない何かをわかったような「気」になっている点が、とても面白い。

そう考えると、大切な人が見守ってくれている「気」がするのも、死んだら終わりだという「気」がするのも、大切な人が極楽へ行った「気」がするのも、死んだら先に亡くなった人に会える「気」がするのも、全部、本人の心のあり方の問題だということになる。死者は見守っているのか、それとも極楽へ行ったのか、お盆に帰ってくるのかということについては、証拠がないし、目に見えないことなので、誰にもわからない。だから、そんな「気」がすると、各人が思っていればいいのではないかと、私は思う。

とにかく「気」を大事にする日本人は、キリスト教や仏教といった、教義のある創設宗教の信仰はなくても、とても強い宗教的な心を持っているといえる。仏教の信仰はなくても、「家内安全」「交通安全」など、悪いことが起きませんようにと願って、お寺や神社にお参りし、お札やお守りを買う人は多いが、これも宗教的な心の表れだ。お墓や仏壇の前にいると、死者と向き合える気がするのも宗教的な心だし、亡くなった人の悪口を言わず、死者を冒とくしない感覚も、宗教的な心からきているはずだ。悪口を言っても、死者に聞こえるはずはないし、極楽へ行ったならば死者がお墓にいるはずもないのだが、なんとなく死者が聞いている気がすると か、お墓に行くと会える気がすると思うのは、私たちの多くは、目に見えないものを否定しているわけではないからだ。

2. 死別から立ち直るまでの12段階のプロセス

大切な人の死は受け入れなければならないのか?

こうした思考は、死別の悲しみと直面した時の心の防衛であるとも言えるかもしれない。しかしそもそも、大切な人の死は受け入れなければならないのだろうか。

上智大学の名誉教授で、カトリックの司祭でもあった哲学者の故アルフォンス・デーケンは、大切な人との死別から立ち直るまでの悲嘆のプロセスを12段階に分類している。それによれば、まず、頭の中が真っ白になるとか、お葬式のことが記憶にないといった「1．精神的打撃と麻痺状態」に陥るという。次に、故人が帰ってくるのではないかと考えたり、あの人が死ぬはずがないと思い込むといった「2．死の否認」、亡くなったことは確認しているものの、死ぬはずがないという否認の気持ちもあり、頭が混乱する「3．パニック」、死に至った原因に対しての怒り、あるいは自分がなぜこんな目に遭うのかという「4．怒りや不当感」、やりきれない思いを周りの人や故人に対して発する「5．敵意とうらみ」と続く。

さらに、「生前にもっとこうしておけばよかった」とか、「手遅れになる前になぜ病気に気づいてあげられなかったんだろう」といった「6．罪の意識」、故人が帰宅するのではないかと思い込み、食事を用

大切な人との死別から立ち直るまでの悲嘆のプロセス12段階

❶ 精神的打撃と麻痺状態
❷ 死の否認
❸ パニック
❹ 怒りや不当感
❺ 敵意とうらみ
❻ 罪の意識
❼ 空想や幻想
❽ 孤独感や抑うつ
❾ 精神的混乱
❿ 受容
⓫ 新しい希望
⓬ 新しいアイデンティティの確立

意したり、部屋をそのままにしておいたりするという「7．空想や幻想」、お葬式や死後の手続きが一段落して「8．孤独感や抑うつ」にさいなまれたり、生きる目標を失う「9．精神的混乱」を経て、自分の状況を受け入れ、前を向こうという「10．受容」、「11．新しい希望」「12．新しいアイデンティティの確立」へと達するという。

デーケンさんによれば、すべての人がこの順番をたどるわけではないし、行ったり来たりする人もいるという。私の場合はどうだったか、このプロセスに従って書いてみようと思う。

私の夫は、前の晩まで元気だったのに、寝ている間に心臓が突然停止した。亡くなっていることに気づいたのは、シンガポールへ出かけなければならないのに寝坊をしていた夫をたたき起こそうとした時だった。「あっ、死んでる！」と。

あまりにもびっくりした私は、完全に「1．精神的打撃と麻痺状態」にあった。救急車の電話番号が思い出せないとか、自宅にやってきた警察官とどんな話をしたかも、まったく記憶にない。お葬式をしたことはもちろん覚えているが、ところどころの記憶が飛んでいる。

健康診断で悪いところはまったくなく、元気満々だった夫の予想もしない突然の死。死んだことは頭ではわかっていても、突然目の前からいなくなった事実はにわかには信じがたく、死亡前に頻繁に出張していたアフリカのジンバブエへ長期出張に行っているような気持ちがずっとあった。これは「2．死の否認」にあたるのかもしれない。私の場合は、「3．パニック」の状態はなかったように自分では思うのだが、私が殺したのだろうかという思いがずっとあり、検視の結果が正式に出るまでの半年間は、刑事が付きまとっているのではないかと、不安になったこともあった。「私も心臓が止まるかもしれない」と、心臓がバクバクするとか、窒息してしまうような気分になり、夜中に目が覚めてしまうことがたびたびあった。もしかしたら、これらもパニックのひとつだったのかもしれない。

関係もない周りの人に対して抱く「敵意とうらみ」

私は、「4．怒りや不当感」を向ける相手や対象がないことがやりきれなかった。事件や事故で命を奪われた人の遺族は、加害者に対して激しい怒りがあるだろうし、病死をした人の遺族は、「検診をしていたのに、なぜ発見できなかったのか」などと、医療機関に対して怒りを向ける場合もあるが、私の夫は心臓が突然止まってしまったので、死に至らしめた「敵」がいなかった。「敵」がいないことが、私は苦しかった。

ところが、何の関係もない周りの人に対して抱く「5．敵意とうらみ」は、夫と死別して一か月ぐらいは強かった。しかも突如として腹が立ってくるので、自分でもコントロール不能だった。例えば、夫と死別した直後に、会社の上司らと飲んでいた時、「定年退職したら、どう過ごそうか」という話題をしていた上司に対して、「夫は定年後なんてないのに！」と、むかむかしたことがあった。週末に近所のスーパーへ行くと、仲良く買い物をしている夫婦の姿に腹が立ったり、「年金が少なく、生活が苦しい！」とテレビのインタビューに答えている高齢者を見ると、「夫は20年間も年金保険料を払い続けたのに、私が働いているから、遺族年金すら1円ももらえないのよ！」と、ムッとしたり。相手からすれば、私からムカつかれるいわれはないのだが、長生きしているだけでもすごいのに、「年金が少ない！」「やることがない」とこぼしている人をみると、無性に腹が立った時期があった。それがいつの頃からか、街中で90歳を超えているような高齢者を見かけると、「この方は夫と違って、何十年も心臓が動き続けていて、それだけですごい！」と、尊敬の念を持つようになった。

がんで夫を亡くした知り合いの女性は、死別して一、二年の頃、同じように配偶者と死別したけれど、悲しみを乗り越えて元気になった人の姿を見ては、とてつもなく腹を立てていた。「私は夫を亡くしてこんなに悲しんでいるのに、許せない」という気持ちになるのだという。それだけではない。がんのサバイバーである、治療中の人や治療後の人たちの話を聞くと、攻撃的な気持ちになるようで、見知らぬ人にも激しくかみつく姿を見て、私は彼女にどう接すればいいのか、戸惑った経験がある。

私は、亡き夫に対して「6．罪の意識」を感じることもあった。夫が亡くなる数週間前、「死にそうに忙しい」と言っていたのだが、「そんなことでは死なないでしょうよ」と答えていたことを思い出し、「あんなことを言わなきゃよかった」と反省した。でも、「じゃあ、仕事を辞めちゃえば?」という言葉がけも現実的ではないし、どう言えばよかったのかは今でもわからないが、夫が突然亡くなった後、この会話を思い出した。「もっと優しくしてあげればよかったなあ」とも思うが、それは亡くなってしまったのでそう思うだけなので、私も毎日が多忙だったこともあり、なかなか相手を思いやることができなかったし、夫が今でも生きていれば、そんなことを考えることもなかっただろう。私はそもそも、終わってしまったことや過ぎたことをくよくよ考えたり、悩んだりするタイプではないので、「6. 罪の意識」を感じないのかもしれない。むしろ、周りの人たちからは「一緒に寝ていなかったから、異変に早く気づかなかったんだ」とか、「(「忙しいぐらいで死なない」と、夫に言った私に対して)言霊はある」などと言われることで、「夫が亡くなったのは、私のせい?」と、私はたびたび傷ついた。

私はデーケンさんが挙げる「7. 空想や幻想」をすることはなかった。夫が急に家の中からいなくなったのはアフリカに出張しているからだという妄想をしていたものの、ご飯の準備をするとか、部屋をそのままにしておくといったことはしなかったし、海外出張が多かった夫が自宅にいないのは。私にとって異常なことではなかった。

最後のステージでもある「8. 孤独感や抑うつ」、生きる目標を失う「9. 精神的混乱」については、私の場合はほぼなかった。これは、夫が突然死だったこと、また死別前後で私のライフスタイルに何の変化もなかったこと、さらには私の仕事内容も大きな要因ではないかと、私は考えている。夫の死を無駄にしないために、死生学の研究者でもある私は、この体験をどう社会に伝えていくべきかという使命を背負った気になった。それが「12．新しいアイデンティティの確立」なのかもしれない。

生きる目標を失ってしまう人も

しかしなかには、配偶者の死で、生きる目標を失ってしまう人もいる。現役時代に妻を亡くした私の知人は、子どもがいなかったこともあり、死別後、会社で働き続ける意味を見出せなくなってしまい、休職を経て、早期退職の道を選んだ。その人は、今は、大学で教鞭をとっており、思いもよらない新しい生き方を見つけることができたのは、妻との死別体験なくしてはあり得なかったかもしれない。

私は、この知人の姿をずっと見ていると、新約聖書の「コリントの信徒への手紙　一」に出てくる「神は……あなたがたを耐えられないような試練に遭わせることはなさらず、試練とともに、それに耐えられるよう、逃れる道をも備えていてくださいます」という言葉を思い浮かべる。２０１１年に放映されたテレビドラマ『ＪＩＮ－仁－完結編』で、この新約聖書の言葉をもとにした「神は乗り越えられる試練しか与えない」という有名なセリフがあるが、このドラマの放送が夫と死別した直後だったこともあり、私は、このセリフにとても励まされた。またこのドラマのエンディングテーマ曲が平井堅さんの『いとしき日々よ』で、この曲が流れるたびに、涙があふれた。

そのフレーズは、「私のために作られた歌詞なのではないか」と錯覚するほど、私の心に染み入ったと同時に、夫の姿は見えなくなったけれど、私の記憶の中で夫を生き続けさせようと、心に誓ったことを覚えている。

3. 配偶者と死別した人たちの生き方

「没イチの会」の立ち上げ

私は、それから数年後に、配偶者と死別した人たちで「没イチの会」を立ち上げた。「没イチ」とは配偶者を亡くして、ひとりになったことを指す。

私は死別当時、第一生命経済研究所で研究員をしながら、２００８年に立教大学が50歳以上の人たちを対象に、学びなおしなどを目的として創設した立教セカンドステージ大学で、死生学を教えていた。学生のなかには、夫婦で定年退職後の生活をエンジョイしている人たちも多いが、もちろん生涯シングルの人もいれば、離婚した人、死別した人、シニアで再婚した人など、さまざまな婚姻状況の人が集まっている。この立教セカンドステージ大学に通う死別した人たちだけで、2015年に没イチ会が誕生した。

ところで、大切な人と死別した人たちで、悲しみや体験を語り合う自助グループ「わかち合いの会」は、ずいぶん前からあちこちで開催されるようになってきた。

特に、周りの人たちに自死であることを言えずに孤立する遺族が少なくないことから、自死遺族を対象とする相談や支援窓口を設置する自治体も増えてきた。例えば北海道網走《あばしり》市では、市保健センターが主催するサポートグループがあり、わかち合いの会が毎月開催されているし、埼玉県所沢《ところざわ》市や秩父市などでも保健センターや保健所が主体となって開催している。参加資格がある人は身近な人を自死で亡くした遺族のみだ。東京都内でも、全国自死遺族総合支援センターやNPOなどの協力で、港区、品川区、足立区、八王子市、日野市・多摩市、昭島《あきしま》市でも定期的にわかち合いの会が開かれている。匿名でも参加できるし、自分は発言せずに人の話を聞くだけでもよい。死別者といっても、自死遺族の会があることから、死因によっても遺族の感情や抱えている問題が異なることがわかるだろう。

こうしたわかち合いの会と一線を画すのが「没イチ会」だ。わかち合いの会は自助グループではあるが、会を仕切る精神保健福祉士やカウンセラーなどがその場にいることが大切だ。私は死別体験がある死生学者だというだけで、心理学に精通しているわけでもカウンセラーでもないので、こうした会を主宰することは不可能だ。しかも前述したように、私自身は、会ったばかりの人に自分の気持ちを話すのは苦手だし、わかち合いの会に参加したいとも考えたことがなかった。悲しくつらい気持ちをわかち合うというよりは、そこから一歩前に進んだ人たちが、これからどう生きていくかを考えるにあたって問題を共有したり、情報交換したりする会を作りたかった。だから会のサブタイトルは、「亡くなった配偶者の分も人生を楽しむ」とした。それは、故人とともに生きるという感覚を忘れないようにしたいと思っているからだ。

「そんな気持ちにはなれない」という人も少なくないだろうが、死別直後に深い悲しみにあっても、長くて暗いトンネルの先には光が見えるという希望を感じて欲しいと思って、活動している。「こんなに悲しくてつらいのは、自分だけじゃないんだ」と、同じ体験をした仲間と話をすることで、安心することもある。

没イチの会には、40代、50代で配偶者と死別したメンバーも少なくない。配偶者がいる同級生や近所の人たちに「かわいそうね」「さびしいでしょ」という言葉を何年たってもかけられ、傷ついた人もいる。人生を共にした人との死別は誰だって悲しいが、残された人はパートナーのいない新しい環境に順応し、その後の人生を生きていかねばならない。同じ体験を持つ人たちだからこそわかり合え、話題にできることもある。「夫と死別して以来、初めて夫の話をすることができた」と、泣きながら話してくれた人もいる。その女性がどんどん笑顔を取り戻していく姿を、ボッ歴の長いメンバーたちでずっと見守ってきた。没イチの会が、死別をした人たちの生きる力になっているかもしれないのは、とてもうれしいことだ。

没イチ男性のファッションショーを開催

2018年末には「没イチ会」メンバーと、没イチ男性のファッションショーを開催した。同年の新年会で、男性メンバーから「今年はイメージチェンジをしたいです」という1年の目標を聞いたのが始まりだ。

この男性の話を聞いているうち、妻に先立たれた世の中の男性は、定年退職してスーツを脱いでしまったら、普段着を褒めてくれたり、一緒に選んでくれたりする人がいないのではないかということに、私は気が付いた。ましてや友人が少なく、外に出る機会が減ってしまえば、ますます引きこもってしまう。このままではいけないと思いながら、きっかけがないまま誰とも会話をしない状態になるのであれば、服装を変えて少しだけおしゃれに変身すれば、気持ちが上向くのではないかと思いついたのだ。

有無を言わせず、男性メンバー6人にモデルとして出てもらうことにした、までは良かったが、難航したのは洋服選びだ。モデルは素人だし、全員のスタイルがいいわけでもない。没イチ男性のイメージが良くないのだろう。いろいろなファッションメーカーにお願いしたのだが、こころよい返事をもらえることはなかった。最後には女性メンバーの尽力で、衣装を提供してくださるお店が見つかったのだが、衣装合わせをする男性陣の顔がイキイキしていたのが印象的だった。

プロのスタイリストにコーディネートを提案してもらうと、「こんな色なんて着たことがない」「こんなデザインはちょっと」と文句を言っていた人たちが、試着室から出てくるとまんざらでもない顔になる。女性だけでなく、男性も、「かっこいい」「似合ってる」と褒められると表情が明るくなるのだと知った。

妻と死別したかどうかに関係なく、スーツはともかく、普段着を買う時に、お店のスタイリストの意見を聞くシニア男性はそれほど多くはないだろう。没イチ会にも、妻が生前に買ってくれた服や下着を大事に使っているので、そもそも自分で普段着を一度も買ったことがないというメンバーがいた。

ファッションショーをする以上、ランウェイの歩き方を練習する必要もあった。知人の紹介で、ミス・ユニバース・ジャパンの準グランプリ受賞者で現役のモデルから3回もレッスンを受けた。「背中を伸ばして!」「下を見ないで歩く!」「右手と右足が同時に出ている!」「曲のリズムに乗って!」と次々とアドバイスが飛ぶが、娘の年齢のような先生の指示に素直に従い、帰宅後は、自宅や近所の公園でウォーキングの自主練習までしたという。何にでも興味を示し、真面目に取り組む彼らの姿勢は、私にとっても勉強になった。

ランウェイの音楽は、各人が妻との思い出として選んだ曲だ。ある人は、闘病中の妻と一緒に病室で聴いた歌を選んだし、ある人は結婚式で流した曲を選んだ。プロのスタイリストが選んだ服を着こなしてランウェイを歩く姿に、友人や子どもたちが拍手やエールを送った。

没イチ男性のファッションショー

本番当日は、控室で人生初のメイクをプロにしてもらった。「この次にメイクするのは死んだときだわ」などと言いながらも、プロの手で変わっていく自分の姿に、みんなまたまた、まんざらでもなさそうだった。

この経験を通し、性別や年齢には関係なく、ちょっと素敵な服を着たり、身だしなみを整えたりするだけで、誰もが気持ちが明るくなるのだと実感した。死別した妻との思い出を胸に、前向きに歩いて行こうというメッセージを社会に発信できたかなと自負している。

また配偶者と死別したシニア世代は、一緒に海外旅行を楽しむ相手がいないという問題にも直面する。2泊程度の国内旅行なら、ひとりでも、あるいは友人とでも可能だが、海外となると、ひとりで行くにはハードルが高いと感じる人が少なくない。メンバーのひとりが、「フェルメールの絵画を見にニューヨークへ行きたいけれど、ひとりでは行けないし、息子家族を誘うのも悪いし」と話していたので、私が没イチの会でニューヨークに一緒に行きたい人を募ったところ、10人も集まった。日中はそれぞれが自由行動をしたが、三階建ての大きな一軒家を借りたので、朝はキッチンで作った食事をみんなで食べ、夜は、その日の行動を話しながらリビングでお茶やお酒を楽しんだ。べったりとずっと全員で一緒にいるのではなく、プライバシーや自由をお互いに尊重しながらも、みんなで旅行するメリットも享受でき、普段はひとりで海外旅行をすることが多い私にとっても、とても新鮮な旅になった。

そのほか、没イチの会では、メンバーの自宅の庭でバーベキュー大会をすることもある。「高齢になるとバーベキューに誘われる機会も減るので、楽しい」という人もいる。「配偶者と死別して、ひとりになったからできない」ではなく、「ひとりになって、初めて経験すること」をたくさん作ろうという思いで、活動している。没イチの会では、誰も、相手のことを「死別して

配偶者と死別後の、他者と過ごす時間の変化

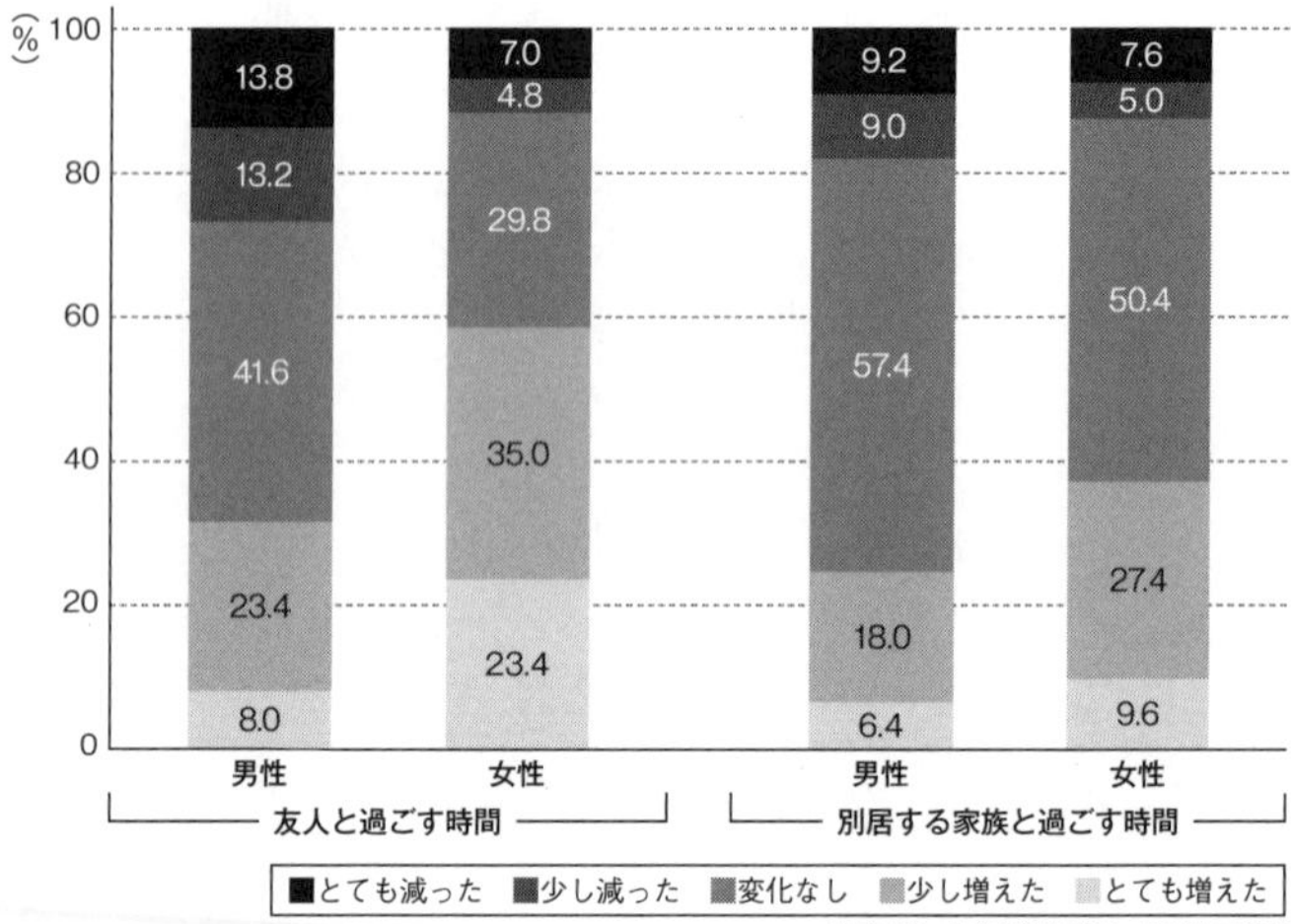

出典：第一生命経済研究所　2017年調査

かわいそうね」とは言わない。みんな、同じ体験をしているし、死別した配偶者とともに、前を向いて生きていこうとしているからだ。

死別して友人に会うことが増える女性、減る男性

　私は配偶者と死別してひとり暮らしになった高齢者の生活について、２０１６年に調査したことがあった。その結果によれば、女性は半数以上が、死別前に比べて友人に会うことが増えたと回答したのに対し、男性では「とても減った」と回答した人（13・8％）が、「とても増えた」人（8・0％）を上回っていた。

　また内閣府の調査によれば、孤独感が

現在の孤独感に影響を与えたと思う出来事

（注）孤独感が常に、しばしば、時々、たまにあると回答した人

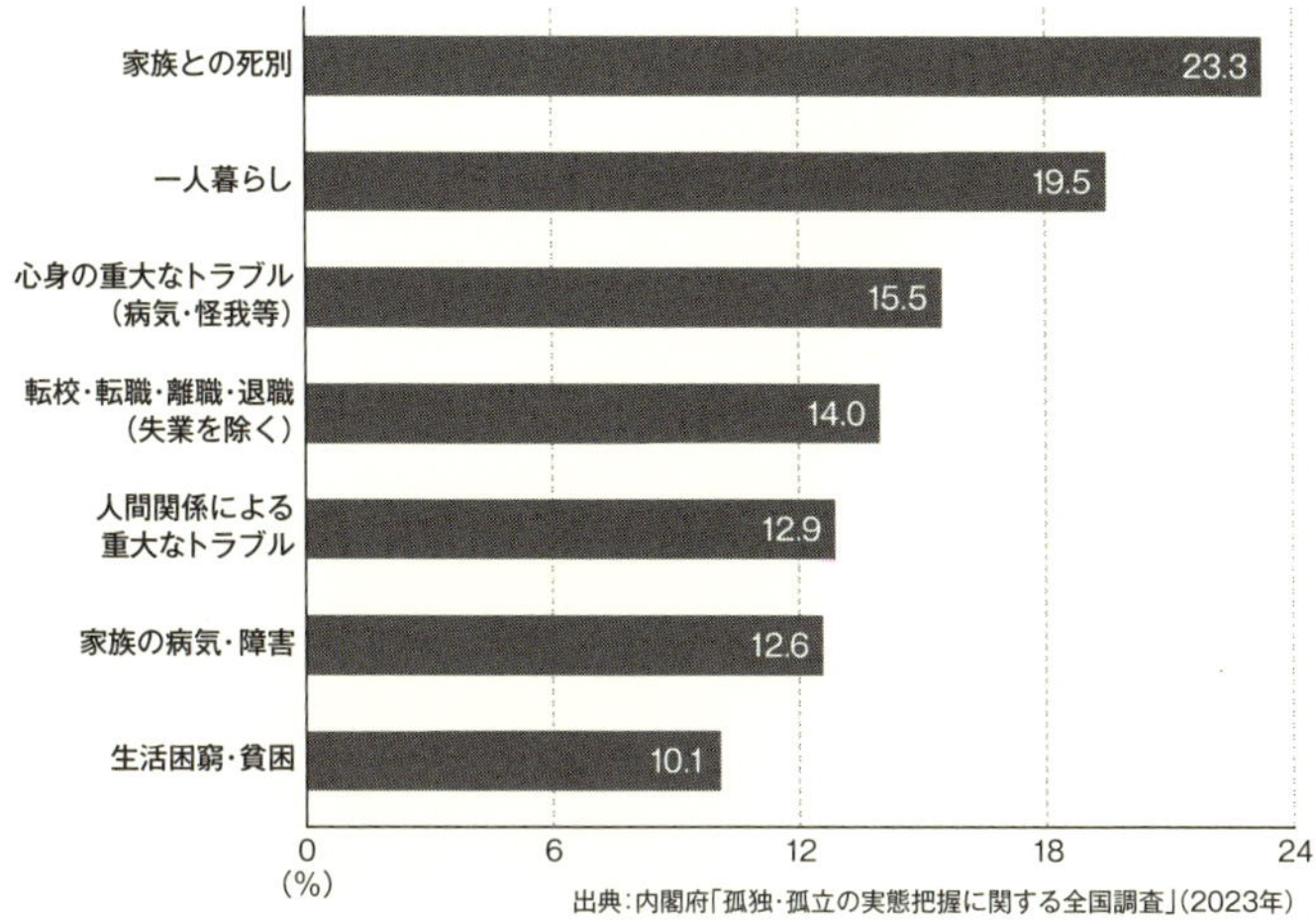

出典：内閣府「孤独・孤立の実態把握に関する全国調査」（2023年）

「しばしばある・常にある」、「時々ある」又は「たまにある」と回答した人では、現在の孤独感に影響を与えたと思う出来事について「家族との死別」と回答した割合が23・3％と最も高く、次いで「一人暮らし」（19・5％）となっており、配偶者との死別でひとり暮らしになることが、シニアの孤独や孤立に大きな影響を与えていることが明らかになっている。

配偶者がいる人は、生前から人間関係のリスクヘッジをし、配偶者以外の人的ネットワークを持っておくことが、死別後の孤独解消になる可能性がある。

2章で述べた通り、75歳以上の男性死別者は14・7％を占め、7、8人に一人が、妻と死別している計算だ（2020年国勢

調査)。女性は75歳以上になると50・6％が、夫との死別経験者となる。

特にこの20年間、男性の寿命の延伸に伴って、妻に先立たれる人の数が増えている。一般的には、夫が先に亡くなる確率が高いが、長生きすれば、妻に先立たれるリスクが高くなる。そもそも結婚すれば、離婚しない限り、事故や事件以外で夫婦が同時に亡くなることは考えにくい。これからは男性も、妻との死別リスクを考えておかねばならない。

では、何をどう備えておくべきか。最も大事なのは、自分のことは自分でするという生活的自立だ。「普段は家事を妻に任せているが、やろうと思えばできる」という男性は少なくないだろう。シングルの頃や単身赴任中は、たまには自炊していたという人もいるかもしれない。もしそうなのであれば、週に一度でも、10日に一度でもいいので、炊事、掃除、洗濯をひとりで担当してみてほしい。

死別を体験した人が聞きたくなかった言葉

私の知人はがんの専門医で、妻が大腸がんで亡くなったが、病気がわかり、亡くなるまでの間、どんな気持ちで患者さんと接していたのだろうかと思う。平然と診療や手術をこなしていたようにみえたかもしれないが、内心は気持ちが張り裂けそうだっただろう。気もそぞろでは仕事ができないので、診療中は妻のことを考えないようにしていたのかもしれない。

家族が亡くなって悲しそうにみえない、あるいは（知人がそういう批判を受けたのかは知らないが）妻が自宅で闘病しているのに、女の人とお店でお酒を飲んでいるなどと、人を批判するのは、間違っていると思う。夫を亡くしたばかりの女性は、街で買い物をするため、お化粧をして自宅近くのバス停でバスを待っていたら、「ご主人が亡くなったばかりなのに、お出かけするなんてねえ」と近所でうわさになり、それ以降、人の目が気になって出かけるのをためらうようになったという。

別の知人は、同居している舅のたばこの不始末で、就寝中の深夜に自宅が全焼し、向かいの家の人の助けを借りてパジャマで命からがら脱出したが、舅と姑は焼死した。近所からは「姑と舅を見殺しにした」と言われ、知人は二度とその土地には戻りたくないそうだ。夫が亡くなった後、この知人はひとりで姑や舅の世話をしてきたのに、だ。自宅も家族も一瞬にしてなくなり、茫然自失だっただろうし、どうすればいいのか不安な気持ちや悲しい気持ちでいっぱいだっただろうに、近所の人たちから心無い言葉をかけられたのは、本人が泣いたり、意気消沈してみえなかったりしたせいかもしれない。知人自身も、「かわいくないと思われたのかも」と自己分析していたが、こんなことを言うような人たちと近所づきあいを続行するのは確かに無理だろう。

アルフォンス・デーケンさんは、著書『心を癒す言葉の花束』（集英社新書）のなかで、死別

を体験した人が聞きたくなかった言葉を9種類挙げている。それによれば、

1.「がんばろう!」
2.「泣いてはダメ!」
3.「早く元気になってね」
4.「私にはあなたの苦しみがよく理解できる」
5.「あなただけじゃない」「あなたのほうがまし」
6.「もう立ち直れた?」
7.「時がすべてを癒すから大丈夫」
8.「(亡くなった方が)長い間、苦しまなくてよかったね」
9.「悪業の報いだ」「先祖のたたりだろう」

だという。

一家心中で弟や母親を亡くした知人は、周りの人たちから死因や亡くなった時の状況を根掘り葉掘り聞かれることがつらかったそうだ。興味本位で聞かれていると思うと腹が立つだろう。

恋人を病気で亡くした友人や、新婚時代に夫と死別した知り合いは、「まだ若いからやり直

せる」と口ぐちに言われたことで、深く傷ついたという。現在は二人とも新しい男性と人生を歩んでいるが、死別当時は、「新しい男性を早く見つけて」などという言葉を他人から一番言われたくなかったと思う。愛する人の代替えができるはずもないし、新しい人と幸せに暮らしている現在でも、亡くなった人のことを忘れることはないだろうから、「人生をやり直した」とは感じていないはずだ。

「既婚」「離・死別」の両方に○をつける人も

また私もそうだが、配偶者と死別しても結婚指輪をしたままの人は多い。だから死別者は「既婚者」ではあるが、相手が亡くなり、婚姻生活が強制終了したというイメージなので、さきほどのアンケートでは、「既婚」「離・死別」の両方に○をつける人もいる。離婚届を提出した人は、自分を「既婚者」だとは思わないだろう。私は研究所で長らく調査をしてきたが、自分自身が夫と死別するまで、「離・死別」という言葉に違和感を覚える人がいるかもしれないなどとは、想像もしなかった。

ちなみに、国立社会保障・人口問題研究所の「世帯動態調査」では、「有配偶」は現在結婚している人を指し、「既婚」とは、まだ結婚したことがない「未婚」を除いた、「有配偶」「死別」「離別」を指すという。そもそも、人によって「未婚」「既婚」のイメージも異なることが混乱をきたす原因なのだが、この調査の定義によれば、「未婚」「既婚」「離・死別」のいずれかに○をつけるという回答形式自体がおかしいということになる。

また、死別した人がほかの人と同じように楽しい毎日を送っていると、眉をひそめる人が想像以上に多いことも知った。歌舞伎役者の市川海老蔵（現十三代目市川團十郎白猿）さんが、妻と死別した直後に、子どもたちと東京ディズニーランドに出かけたというニュースが報道された時には、世間から猛烈なバッシングを受けた。妻と死別して数年以内に再婚した男性に対しては、「もう再婚したのよ、あの人。奥さんの三回忌も終わっていないのにねえ」などと、近所のうわさになるだろう。離婚だったら、直後に子どもと遊びに行ってもバッシングを受けなかっただろうし、再婚しても「次こそはうまくいくといいね」と応援してくれる人もいるだろう。

「未亡人」という言葉も好きではない。「私は未亡人です」と、たまに自分でも使うことがあるが、勝手かもしれないが、人から「あなたは未亡人ですね」と言われると、あまり気分が良くない。字だけをみると、「まだ死んでいない人」という意味なので、他人に使っていい言葉ではないはずだ。しかも妻と死別した男性には「未亡人」とは言わない。

死別した女性を特別視する習慣は、数年前、友人を訪ねたイタリアのシチリアでも、目の当たりにした。全身黒い服装の女性を街中で何人もみかけたのだ。最初は、お葬式へ向かう女性なのかと思っていたら、現地の友人によれば、イタリアでは、夫が亡くなれば、妻は生涯黒服で生活するという伝統があるそうで、シチリアではそれを守っている女性が珍しくないのだという。公共墓地では、夫のお墓参りにやってきたのであろうか、黒服の女性があちこちで花を手向けていた。「ここはご主人が亡くなっている」と友人に言われた家には、黒いブラウスと黒いスカートの洗濯物が何枚もはためいていた。死別した直後ならともかく、一生涯、「私は未亡人」という看板を持ち、隠遁する生活を地域から強要されているような気持ちがして、私には共感できる伝統だとは思えなかった。

4. 配偶者以外の大切な人の死

大切な人と死別し残された人の4つの課題

もちろん、大切な人の死は配偶者だけではない。親、子、仲の良かったきょうだい、恋人、親友との死も、立ち直れないほどつらいだろう。私には子どもがいないので、子どもに先立たれる悲しみを実感することはできないが、夫の母親は、配偶者と死別した時よりも、わが子を亡くした時の方が、衝撃が大きかったのではないかと想像する。3章でも述べたように、その人は、生物学的、法律的には亡くなったかもしれないが、残された人には、故人を文化的、社会的には死なせないことが可能だ。そして私たちは、大切な人の死から何を学ぶかが大切なのではないだろうか。

死別の悲しみを英語でグリーフ（grief）と言うが、アメリカでグリーフを研究する心理学者のウィリアム・ウォーデンは、大切な人と死別し、残された人は、次の4つの課題に取り組むべきだと述べている（『グリーフカウンセリング』1993年）。

① 喪失の事実を受容
② 悲嘆の苦痛をのりこえること
③ 死者のいない環境に適応すること
④ 死者を情緒的に再配置し、生活を続けること

私は③と④の課題はクリアしたが、①については、頭では理解しているが、死の受容を五臓六腑でしているかどうかは自信がない。何度も書いたように、死別直後は、夫はアフリカに長

期出張しているのではないかという錯覚をしていたが、今思えば、夫が死んだことをそうやって考えないようにしていたような気がする。だから、悲嘆にくれることを避けようとしていたからなのか、夫を思い出すことを避けようとしていたからなのか、死別前と変わらない私に対して、「夫が亡くなったというのに、悲しくないのか！」と、批判する人たちもいた。今でも、「私は、夫と死別してとてもつらかったのに、あなたはなぜ悲しくなかったの？」と、聞かれることがある。同じ死別体験をした人から、悲しみの比較をされること自体が、私には拷問だ。

人前で悲しみを発動できる人もいれば、考えないようにして心にふたをしてしまう人もいる。私の親友は、日ごろから両親の不仲に心を痛めていたが、父親が突然亡くなると、父親とは20年以上も別居していた母親が、お葬式の席で「かわいそうな未亡人」を演じたと憤慨している。こういう事例は親友のケースだけではなく、私のごく身近にもあったが、それが、その人にとっての「死の受容」のやり方なのだろう。

もちろん、自分の感情に向き合わないことで、心身に大きなストレスがかかり、生活や健康に支障が起きてはならないが、私の場合は、考えないようにしていたことで、夫がいない生活に自然と順応できたように思う。だから、死や喪失の受容をしなければならないと、身構える必要はないのかもしれない。夫はあまりにも突然の旅立ちだったので、死んだかと言われれば、死んだのだが、どこかで生きているかと問われれば、もしかしたらそうかもしれない、と思う

アメリカの亡くなった子どものお墓だけが並ぶ墓地

ことがある。私自身は、それでいいのではないかと思っている。

死者のいない環境に適応できるまでには、人によって何年もかかる。でも、残された人は、死者を情緒的に再配置し、生活を続けるしかない。

アメリカのニュージャージー州で、亡くなった子どものお墓だけが並ぶ専用区画がある墓地を訪問したことがある。そこには、亡くなった子どもが好きだったのだろう、おもちゃやぬいぐるみがたくさん供えられていた。幼い子どもを亡くした遺族にとって、子どもの死は受け入れがたいが、「いまも子どもは、天国で楽しく遊んでいるに違いない」と思うことで、死者の新しい居場所を見出すのだろう。お墓に行くと、死者に会える気がするという感覚は、まさしく「死者の情緒的な再配置」であろう。

死と向き合うグリーフワーク

お葬式のかたちが縮小していることは1章でも述べたが、お葬式には、仏教式であれば故人をあの世へ送る（浄土真宗は、亡くなれば即、西方浄土へ行くので、故人の霊を送るという発想はない）という意味のほかに、参列者で死の悲しみを共有するという意味もある。これはまさしく、死と向き合うグリーフワークであり、当事者同士でのグリーフケアでもあった。

お葬式に参列する人たちの故人との関係性はさまざまだ。仕事関係者、趣味の仲間、同級生、近所の人などが知っている故人のエピソードは、遺族が初めて聞く内容であることも多い。そもそも、遺族が故人の職場仲間に会うのは、お葬式の場が初対面というケースも多いだろう。大学で教員をしていた私の父のお葬式では、教え子が父の人となりを教えてくれたし、20年以上も会ったことがなかった親戚のおじさんは、父が結婚するずっと前の話をしてくれた。母は日ごろから父の悪口を私たち娘にこぼしていたが、「人から聞くイメージは、そんな父親像とはずいぶん違うな」と、思ったものだ。父親が病院で亡くなった後、お葬式までに遺体を一週間も自宅に安置していたので、弔問にきてくださった方たちとゆっくりお話しできたことは、私にとってグリーフワークとなった。

昨年亡くなった知人の母親の場合、自宅で亡くなり、エンバーミングをした後、そのまま自

友人の母親の遺体はエンバーミングされ、お葬式まで1週間も自宅に安置した

宅に1週間近く安置した。その間、近所に住む故人の友人たちが、入れ代わり立ち代わりお別れに来てくれ、ひとり残された父親は「茶飲み話ができてよかった」と、喜んでいたそうだ。お葬式は葬儀会館でおこなったものの、遺体を安置し、弔問客が入ってこられる部屋がなければ、遺体を自宅で安置することはなかなか難しいかもしれない。

一方、私の夫も自宅で亡くなったが、遺体は警察へ搬送された後、東京都監察医務院へ解剖のために再搬送され、その後は、一度も自宅へ戻ることなく、そのまま葬儀会館に安置した。自宅に遺体を安置する場所がなかったこと（夫をベッドに寝かせたら、私が寝る場所がなくなってしまうし、そもそも、弔問客が入ってこられるほど、ベッドルームが広くない！）、急死の知らせを受けて、夫の親戚が着の身着のままで、新潟から駆け付けたことから、あっという間にお葬式や火葬を済ませてしまった。お通夜には、夫の同僚や仕事仲間が大勢みえたが、お焼香を済ませると、お酒やお食事を召し上がっていただく通夜ぶるまいの会場へ移動されたので、最後までお通夜の会場にいた私は、そのほとんどの人と会話をすることができなかった。そのため、お葬式が私のグリーフワークになったとは思えないし、参列者のみなさんも、「昨日も会社で一緒に働いたのに、どういうこと？」という思いを持ったまま、夫の遺体を見つめていたはずだ。

お葬式が簡素化し、グリーフワークの場ではなくなった

かつては町内で亡くなった人がいると、地域の人たちが総出で、何日もかけてお葬式の準備をしたが、現代では一切合切を葬祭業者に任せるようになり、お金はかかるが、手間と時間をかけずにお葬式を出せるようになった。遺族は「1週間も仕事を休めない」とか、「弔問客を自宅にあげたくない」とか、「亡くなった人に振り回されたくない」など、さまざまな理由で、お葬式がどんどん簡素化し、もはやお葬式はグリーフワークでも、お互いのグリーフケアの場でもなくなっている。

先日、仕事でお世話になった方の妻から手紙をいただいた。そのなかには、その方は2か月以上前に亡くなっており、すでに家族だけでお葬式も済ませたと書いてあった。私はびっくりして、すぐに故人の妻に電話し、生前の故人との思い出話をした。故人はお酒が入ると、よく妻ののろけ話をしていたので、その話を妻にしたら、電話口で泣いていた。私は私で、共通の知り合いに電話して、一緒に故人の思い出話をした。2か月も前に亡くなっていて、最後のお別れもできないままだと、せめて誰かと故人の思い出話をしなければ、私自身、グリーフワー

クができないと思った。死別の悲しみやショックにあるのは、血縁者や遺族だけではないのだ。私は故人の妻に、「私が生きている限り、彼のことは忘れないし、彼への感謝の気持ちを社会に還元していきます」と誓った。

つい最近は、私の長年の友人の妻が末期のがんであることが判明し、その後わずか3か月で亡くなった。あっという間に逝ったこともあるが、故人は、私と同じ年齢だったので、私自身、冷静ではいられなかった。私は遺体が安置してあった故人の自宅へ飛んでいき、お通夜までの一日を、友人と一緒に過ごした。半年前には、自覚症状がなかった故人はいつもと変わらず毎日を過ごしていたはずだったことに思いをはせると、私も、半年後に生きているかはわからないという現実と直面し、今を大切に生きようと改めて思った。故人との別れはつらいが、故人の死から学ぶことは多い。

第5章 一人称の死と〈ひとり死〉不安の軽減

1．死のポルノグラフィー化

死が社会から隠蔽され、多くの人は実感できない

私たちは、この世に生を享《う》けた瞬間から死に向かって生きている。言葉を換えれば、どの人も、今日が一番若く、明日明後日と、どんどん老いに向かっていく。しかし赤ちゃんや子どもに対しては、周りの大人はその成長を喜び、子どもがどんどん老いや死に向かっていることを悲しんだりしない。

さらにいえば、日本では1990年以降、急速に死亡者人口が増加しているのに、多くの人はそれを実感していないだろう。例えば、「子どもの頃は街中で霊きゅう車をよく見たのに、最近はとんと見なくなった」と言う人は少なくない。数十年前に比べると、死亡人口は急増しているのに、街中で霊きゅう車を見る機会が減ったという事実は興味深い。その理由は、かつてのような宮型霊きゅう車が減り、ぱっと見れば霊きゅう車とはわからないトヨタのエスティマ

などを改造した霊きゅう車が主流になったことにある。霊きゅう車は街中でたくさん走っているが、私たちが気づかないだけなのだ。火葬場が新設されるとき、近隣住民との話し合いで、宮型霊きゅう車の乗り入れを禁じる自治体が増えていることや、利用者自身も、派手な宮型霊きゅう車より、普通車に見える霊きゅう車を好む傾向が強いこともあり、宮型霊きゅう車が大幅に減っているのだ。

自宅でお葬式をしなくなったことも、多死社会を実感しなくなった一因だ。（一財）日本消費者協会の全国調査によれば、過去3年以内に葬儀を出した人のうち、自宅で葬儀をした人は1985年には58・1％と過半数を占めたが、91年には52・8％、99年には38・9％、2007年には12・7％、2014年にはわずか6・3％にまで減少している。最近では、家族数人でのお別れが増えたため、自宅で葬儀をするケースが散見されるようになったが、それでも、家族葬であっても葬儀会館を利用するのが当たり前となっている状況には変わりがない。

近所づきあいが希薄になれば、そもそも住んでいる人のことを知らないのだから、その人が亡くなったかどうかも知らないし、たとえ知ったとしても、三人称の死なので、お葬式に参列することもない。その結果、たくさんの人が亡くなっている昨今の現状を多くの人は実感できなくなっている。

このように死が社会から隠蔽されている状況を、イギリスの文化人類学者であるG・ゴーラーは「死のポルノグラフィー化」と呼んだ。例えば日本では、死について口にするのはタブーであると長らくされてきたが、周りの人の訃報を聞くと、「どうして亡くなったのか」、他人の死因が気になる人は多い。つい先日も、配偶者を亡くした知り合いから、「死因について近所の人から根掘り葉掘り詮索されて、嫌だった」と、連絡をもらったばかりだ。有名人が突然亡くなったことを報じるニュースが流れると、SNSには、死因を詮索する書き込みがあふれる。

「人体の不思議展」は人権侵害として中止に

パリやシチリアなどカトリック色が強い地域には、500年ほど前に作られた地下墓地(カタコンベ)が残っている。ミイラになった遺体や頭蓋骨は一般公開されており、世界中から観光客がやってくる。エジプトのミイラ展が日本にやってくると、入場するのに何時間も待つほどの大人気になるし、2000年前後には、日本各地の博物館で「人体の不思議展」が開催され、話題となった。私も足を運んだことがあるが、実際の遺体にプラスティネーションという樹脂加工を施し、さまざまなポーズをとった標本が陳列されており、なかには標本の輪切りや、内臓だけを取り出した展示もあった。これが本物の遺体や内臓だと思うとグロテスクだったし、故人の気持ちになれば、こんな格好をさせられ、陳列されることを気の毒だなあとも思った記憶がある。全国で開催されたこの展覧会には、のべ980万人が来場したという。

しかしこの展示会は、遺体を商業目的で不特定多数に公開したこと、また遺体が尊厳ある扱いを受けていない点が問題視され、のちに物議をかもした。2009年には、フランスのパリ大審裁判所は、「人体の不思議展」は人権侵害として、パリで開催予定だった展覧会の中止の判断をしているし、2018年にはスイスのローザンヌ市で展覧会がおこなわれていたが、「中国で拷問され処刑された受刑者の遺体が含まれている可能性がある」として開催が中止された。

日本でも、2010年に新潟県で「人体の不思議展」がおこなわれることになった際、新潟県保険医会が開催中止を求める声明を発表したが、開催は決行され、来場者は5万人を超えた。

タイのバンコクにある法医学博物館には、ホルマリンに浸かった赤ん坊の遺体のほか、列車事故で亡くなった人、自死、射殺などの遺体の写真、ヘビースモーカーだった人の肺などが陳列されている。観光ガイドブックにも掲載されているので、訪れる日本人観光客も少なくない。

こうした「死」をイメージするモノや情報はタブーとされている反面、他人の死については、「見たい！」「知りたい！」という気持ちがあるのもまた事実である。こうした状況を、ゴーラーは「死のポルノグラフィー化」と呼んだのだ。

親しい家族であっても死について語り合えない

親しい家族であっても、死にゆく人と残される側との間で、ざっくばらんに死について語り合えるケースは多くはない。先日亡くなった友人の妻は、完治が見込めない末期のがんであることは医師から告知されていたが、友人によれば、妻は、「自分が死ぬ」とは考えていないようだったということだ。別の友人も、肺がんの末期であることを告知され、抗がん剤治療などの積極的治療を一切受けないことを決めたが、家族は、どんどん病状が悪化する友人と、深い話をすることはできなかったという。患者本人が話さない限り、家族や親友は、病床にある人に対して、死についての話題をすることははばかられるからだ。これも、死のポルノグラフィー化のひとつの事例だ。

自分が大切な人より先に亡くなれば、大切な人との死別に運よく直面しないで済むだろうが、世の中には死なない人はいないので、一人称の死に無関係な人はいない。しかし、フランスの哲学者で、死のイメージを人称別に論じたジャンケレヴィッチは、自分の死は自分では体験できないことを、「わたしはわたし自身にとってはけっして死なない」「わたしがある限り死は不在」と表現した。

みんな、「自分もいつか死ぬ」ことは頭ではわかっているものの、自分が死ぬ瞬間を自分では体感できない。江戸時代に庶民に人気があった狂歌師、大田南畝《おおたなんぽ》は、「今までは　人のことだと　思ふたに　俺が死ぬとは　こいつはたまらん」という辞世の句を残しているように、「自分の死」についてどこか他人事のように感じる人は、昔から少なくなかったようだ。

現在の日本のような多死社会にあっても「自分の死」を意識しない理由は、死のイメージの隠蔽による「死のポルノ化」だけではない。寿命が延びたことによって、死が先延ばしされ、自分の死を意識しなくなっていることもある。現在の日本では子ども世代が定年退職を迎えてから、肉親との死別を経験するケースも当たり前になってきており、高齢になるまでは「死」を意識する機会がないこともある。

私は、立教セカンドステージ大学で18年間も講義をしているが、当初の講義は「現代の死と葬送」という名称だった。定年退職後に入学してきた人たちのなかには、「生きがいのあるセカンドライフを夢想しているのに、死についてなんぞ学びたくない」という学生が少なくなかった。そこで次年度、事務室が「最後まで自分らしく」と名称だけを変更したところ、大勢の学生が興味を持ってくれるようになった。寿命が延びると、死の不安よりも、長引く老後への不安の方が大きくなる。だから「死後の不安」よりも、「死までの生のあり方」を考えたいという人が多いのだろう。

さらには死者とのつながりが希薄化していることもある。祖父母と同居する三世代世帯が減少すると、祖父母や両親が老い、病に倒れ、亡くなっていくというプロセスをそばで体感することはないので、「亡くなった祖父母は見守ってくれている」という感覚も薄れている。自宅から遠い場所にあれば、先祖のお墓にお参りする機会が減り、死者とのつながりを意識することが少なくなれば、当然、自分の死を考えることもなくなる。

2. 余命を周りの人に知らせること

「説明と同意」が義務化され、がんの告知率が上がる

そんな社会でも、自分の死を意識せざるを得ない瞬間がある。病名告知が当たり前になったためだ。例えば日本の死因の第1位である「がん」は、1980年代までは、早期発見であれば患者に告知されることはあり得たが、進行がんでは告知されることはほとんどなかった。しかし1997年の医療法改正によって、医療関係者がおこなうべき努力義務として「インフォームド・コンセント」が初めて明文化された。医療関係者が患者に説明をし、患者は治療の内容についてよく理解したうえで、同意をする（あるいは拒否をする）「説明と同意」が医療関係者に義務化されると、2000年以降、治癒の見込みがない患者本人に対する告知率が上がっていった。

とはいえ、厚生労働省研究班（主任研究者：松島英介）が２００４年に全国の中・小規模（50～３００床）の一般病棟におこなった調査では、回答のあった１４５病院のうち、終末期にある患者への病名告知は平均で45・９％、余命告知率になると平均で26・６％にとどまっていた。また同じく厚生労働省研究班（主任研究者：林謙治）が２００６年におこなった調査では、回答のあった１５４２病院のうち、５００床以上の病院では、余命告知率が33・７％だったのに対し、49床以下の病院では19・８％とばらつきが大きいこともわかっている。

昨今では病名告知は当たり前となっているが、余命告知率は高いとはいえない状況にある。日本ホスピス・緩和ケア研究振興財団が２０１４年、がんで亡くなった患者の遺族を対象に実施した全国調査によれば、遺族の86・３％が患者の余命について告知を受けていたが、患者にそれを伝えた家族は53・５％にとどまった。しかも患者本人に医師から聞いた余命を伝えたといっても、伝えたと回答した家族の25・５％は、あいまいな表現、あるいは楽観的に伝えていたことが明らかになっている（吉田沙蘭ら「『患者・家族の希望を支えながら将来に備える』ための余命告知のあり方」）。

確かに、ここ一、二年以内にがんで亡くなった私の友人や知人のケースをみても、病名や完治を見込めないことは告知されていても、余命を伝えられていた人は多くはない。家族は残された時間の長さを知っていても、本人には真実を言いづらいので、ごまかしてしまうのは当然だろう。先日亡くなった友人の妻は、病院で受診した時にはすでにがんはかなり進行しており、「残念ながら、治る見込みはありません」と医師に伝えられた。告知を一緒に受けた友人の前で妻は泣き崩れたというが、友人は「いつ亡くなってもおかしくない状況です」と医師から伝えられていたものの、ついに妻には言えなかったという。

「事実も余命も知りたい」と回答した人が76・5％

しかし日本ホスピス・緩和ケア研究振興財団の2023年調査によれば、死が避けられず、余命が限られている状態になったら、「事実も余命も知りたい」と回答した人が全体の76・5％もおり、「事実を知りたいが、余命までは知りたくない」と回答した人（8・6％）を大きく上回った。ただし、70代では「事実を知りたいが、余命までは知りたくない」と回答した人が16・9％と、6人に1人の割合と、少なからずの人が、余命までは知りたくないようだ。

いずれにせよ元気なうちに、自分ならどこまで知りたいかを考え、周りの人と話し合っておくことが必要だ。病名告知を受けた時には、本人はもちろんだが、家族も動揺してしまう。そんな家族に余命告知をさせるのは、精神的負担が大きい。患者本人がどこまで知りたいかという意思を最優先させるべきだが、その意思を家族や周りの人が知らなければ、周りの人はとまどってしまう。しかも、病院での精密検査で、治癒の見込みがないぐらい深刻な状況であるこ

死が避けられず、余命が限られている状態になったら、その事実を知りたいか

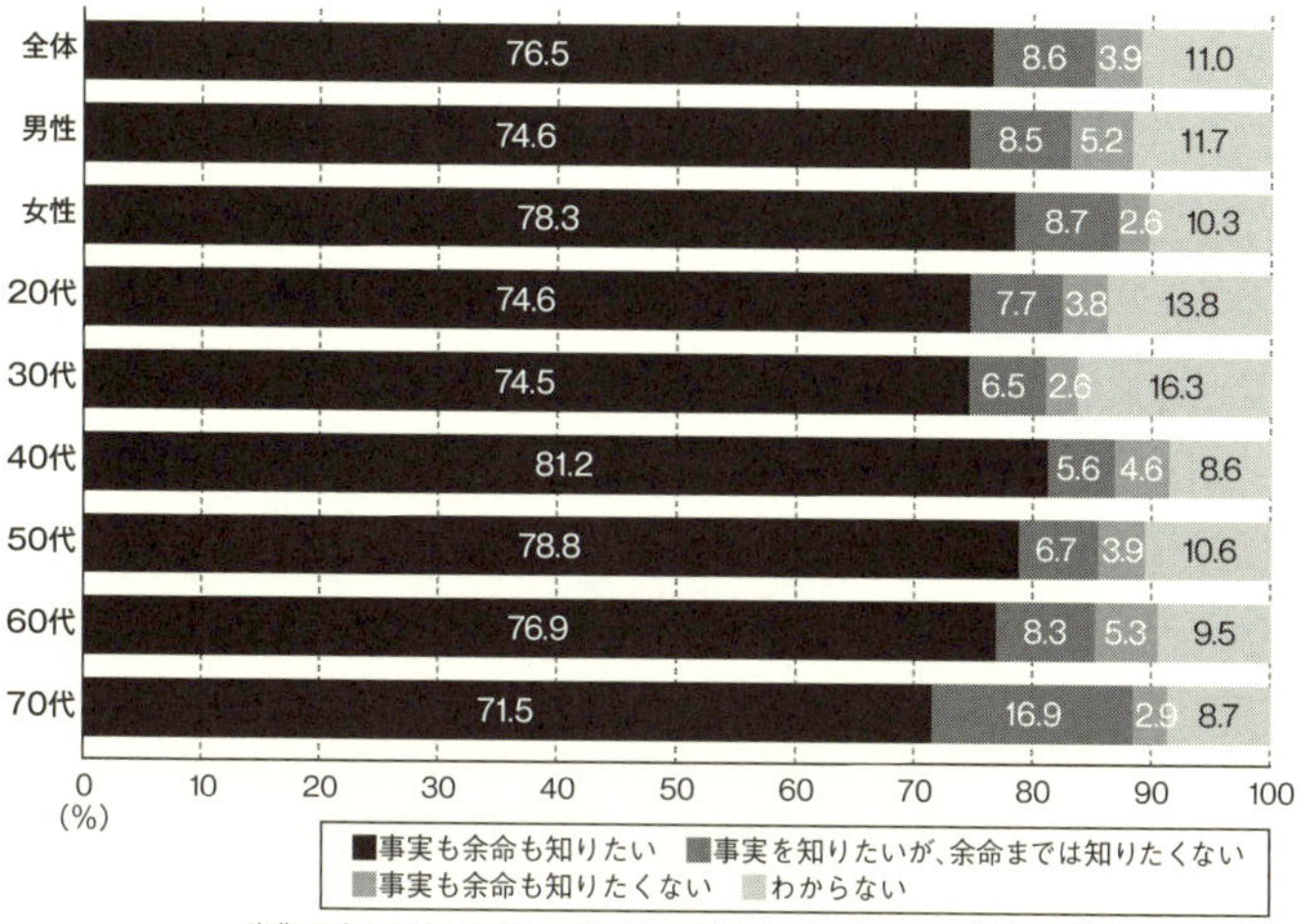

出典：日本ホスピス・緩和ケア研究振興財団「ホスピス・緩和ケアに関する意識調査　2023年」

死が避けられず、余命が限られた状態を家族や身近な人が知ることについて

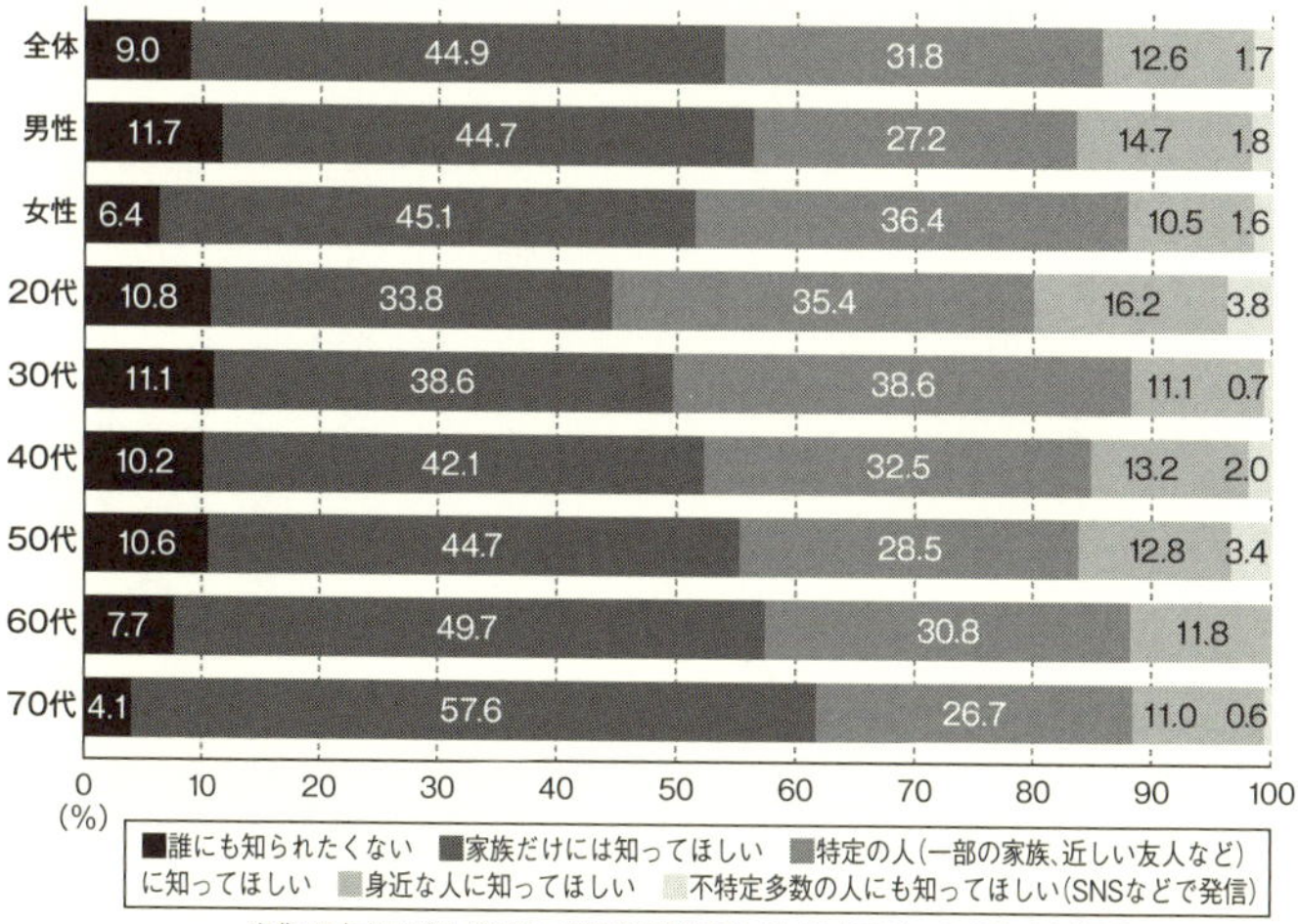

出典：日本ホスピス・緩和ケア研究振興財団「ホスピス・緩和ケアに関する意識調査　2023年」

とが判明した時に、家族の側からは「余命を知りたいか」などとは、話題にしにくい。元気なうちに、自分だったらどうしたいかをみんなが考えておくべきテーマだと思う。

ところで、治癒の見込みがなく、死が避けられない状態になった時、周りの人にそのことを知らせようと思うだろうか、それとも言いたくないと思うだろうか。前述の調査では全体でみれば「誰にも知られたくない」と回答した人は1割程度もおり、年代では50代以下で1割を超えている。また男女の差が大きく、「誰にも知られたくない」人は男性の方に多い。死が避けられない状況にあることで、「周りの人に同情されたくない」「気を使わせたくない」という気持ちが、若い人ほど、また男性ほど強くあるのかもしれない。

2018年に52歳で亡くなった元アナウンサーの有賀《ありが》さつきさんは、報道によれば、身元引受人だった実父や、中学生だった実の娘にさえも、「本人の意思だから」と、医師に死因を知らせないよう依頼していたという。そのため、親しい友人も誰も闘病していたことを知らず、やせたことを指摘されると、「ダイエット中だから」と言い張っていたという。

一方、最近では、進行がんの闘病中であることを公表する著名人が増えている。「同じ病気で闘っている人たちに勇気を与えたい」という公表理由を聞くと、「有名人はつくづく大変だな」と思うが、前述の調査によれば、「不特定多数の人にも知ってほしい」と回答した人は1・7％と、少数派であった。

自分の状況を知っておいてほしい人の範囲は、「家族だけに」が最も多く、家族以外には公表したくない人は少なくない。私の周りを見渡してみると、確かに、余命が限られていることを、患者本人だけでなく、家族自身も周りの人たちに隠しているケースが散見される。私ならどうするだろうかと考えると、私もやはり、他人に同情されるのは嫌なので、誰にも知られたくないと思う。だから、知り合いから突然の訃報を知らされるとすごく驚くものの、生前に知らせなかった患者本人や家族の気持ちはよくわかる。

自分の余命が限られているとわかった時の気持ち

次に、治癒の見込みがなく、自分の余命が限られているとわかった時には、どんな気持ちになるだろうか。日本ホスピス・緩和ケア研究振興財団の調査でたずねたところ、「身辺整理をしたい」(65・2％)、「会いたいと思う人に会っておきたい」(62・5％)という回答が圧倒的に多かった。興味深いのは、男女で大きな差がある点だ。「身辺整理をしたい」、「会いたいと思う人に会っておきたい」と考える女性は7割前後にのぼるが、男性では半数を超える程度だ。

とはいえ、余命が限られている段階で、どんな身辺整理をしたいだろうか。あるいは、どんな身辺整理をすることができるだろうか。そもそも体調は良くないだろうし、余命が限られた段階で、人に見られたくない手紙や書類などを処分するのは、精神的にもしんどいはずだ。身

死が避けられず、余命が限られた状態の気持ち〈複数回答〉（性別）

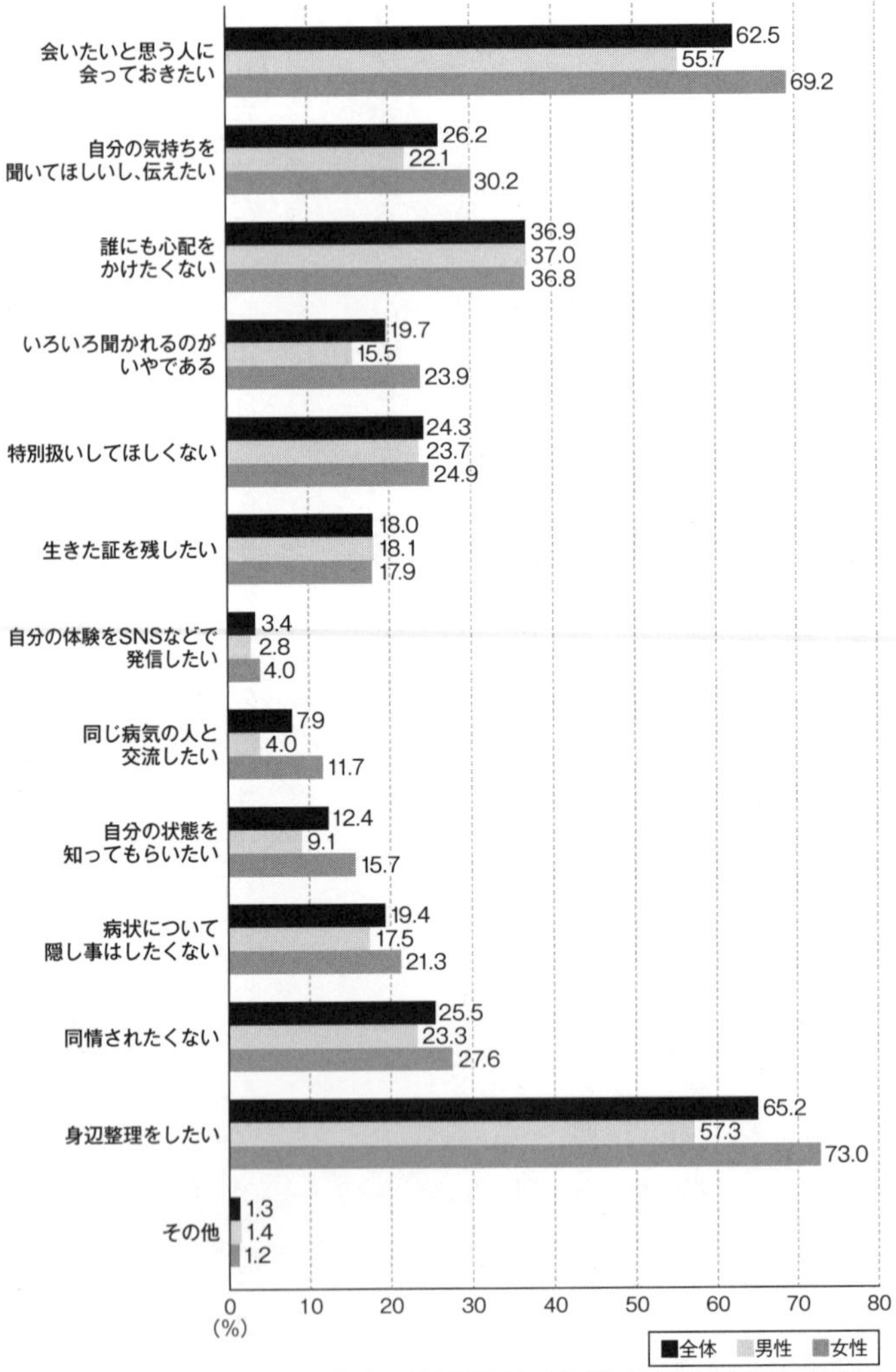

出典：日本ホスピス・緩和ケア研究振興財団「ホスピス・緩和ケアに関する意識調査　2023年」

辺整理は、元気なうちにする方がよいと個人的には思うが、終活と称して、家の中の不要なモノを処分しても、何年かすればまたモノが増えてしまうのが、私の目下の悩みだ。

また「会いたいと思う人に会っておきたい」というのも、難しい。そもそも、前出の調査では、「誰にも知られたくない」人や、「家族だけには知ってほしい」という人は、合わせて半数以上にのぼっていた。自分の余命が限られていることを知らせないままで、会いたい人に会うというのは、あまり現実的ではないように思う。

私はこれまで、余命が限られた友人や知人に会いに病室へ行ったり、体調の良いときに一緒にご飯を食べたりしたことがあるが、どの人と会う時も別れ際がつらい。明日来るわけではないのに、「またね」という言葉は空々しいし、「早く元気になってね」もおかしい。それに、「会うのはこれが最後なんだ」と思うと、いつも泣けてしまう。後日、訃報を耳にすると、「あの時に会いに行ってよかった」と心から思うが、余命が限られたことを知ったうえで会うのは、会う側もつらい。

私は、仕事上で知り合った女性から、「がんがかなり進行しており、余命が限られている」という連絡をもらったことがある。「すぐに会いに行きます」と返答し、数日後に飛行機に乗って、病院に会いに行ったら、私の記憶にあるイメージとは違う彼女がベッドに横たわっていた。その女性は死を受け入れ、覚悟をしていたので、帰り際には「今までありがとう。あの世へ一足先に行ってるね」と言ってくれ、一緒に写真を撮り、笑顔で握手をして別れた。数日後、女性の子どもから、亡くなったという知らせが入ったが、「母は小谷さんに会えて、とても喜んでいました」という一文が添えられていた。

私にはマレーシアにも、イスラム教徒でマレー系のホストファミリーがいる。ある日、「息子が脳出血を起こし、病院に搬送されたが、緊急手術で一命はとりとめた」という知らせを家族から受け、1泊の予定で現地の病院に駆け付けたことがあった。本人は意識があり、寝たきりではあるものの、会話をすることはできたし、流動食のような食事を口からとることもできた。ちょうど2日後に2度目の手術をすることになっていたため、「またすぐに来るから、今度は自宅で会おうね」と言って別れたが、彼は手術中に亡くなってしまった。「じゃあね！」と言って病室から廊下に出た私をじっと見つめる彼の寂しそうなまなざしは、何年たっても私の脳裏に焼き付いていて、離れない。

私自身は、夫が突然亡くなったことをきっかけに、会いたい人にはすぐに会うことを実践している。半年後には、私が健康を害しているかもしれないし、会いたい相手がそうなるかもしれない。治癒の見込みがない病気にかかり、余命が限られる状態になるかもわからない。「またの機会に」と先延ばしをし、私が突然亡くなれば、会いたい人に会えずじまいになってしまう。

芸能人や著名人が亡くなった時、「また食事に行こうと話していたんですが、この数年間は会えずじまいでした」などと故人を偲んでいる著名人の発言を聞くと、私は、「ほんとは、それほど親しくなかったのかな」と、勘ぐってしまう。私はそんなことにならぬよう、余命が限られてからではなく、元気なうちに、会いたい人にすぐに会おうと思っているし、誰かから「会いたい」と連絡を受ければ、できるだけ最短で会う時間を作ることにしている。

電話することを躊躇しているうちに「亡くなりました」

そうはいっても、「あの人はどうしているだろう」と、誰かのことを思い出しても、連絡することを後回しにしているうち、遺族から訃報が入った経験は一度や二度のことではない。「ああ、またやってしまった」と反省してばかりだ。

先日も、会う約束をしていた方から、「体調が悪いので、精密検査のために入院することになったので、延期したい」と電話をもらい、「検査結果がなんともなかったら、教えてください」と言って電話を切ったが、数か月経っても、その方からの電話がなかった。私は、「大丈夫だったかしら」と案じてはいたものの、先方から連絡がないのに、こちらから「検査結果はどうでしたか」と電話することを躊躇しているうち、故人の妻からの「亡くなりました」と書かれた封書を、その方が亡くなって2か月以上も経ってから受け取った。私が最後にその方と電話で話してから半年後には、亡くなっていたことになる。故人の妻は「末期がんの宣告を受けてからの数か月は、家族水入らずで過ごすことができて、本当に良かった」とおっしゃったので、「検査結果は大丈夫でしたか」などと電話をして、本人や家族に余計な気を使わせずに良かったとは思う。せめてあと1か月早く会う約束をしていれば、体調がそれほど悪くはなかっただろうから会えたのに、と悔やまれるが、向こうの立場になってみれば、私に会いたいとは思わなかったのだから、その事実を受け止めるしかない。

そう思うと、私自身の余命が限られていることがわかった時、最後に会いたい人は誰なのだろうか、改めて考え込んでしまう。これまでのお礼を伝えたい人はたくさんいるが、最後に会いたい人となると、思い浮かべるのが難しい。

3．死ぬまでにやりたいことリスト

映画『最高の人生の見つけ方』で描かれた余命6か月

最近、日本でも「バケットリスト」(Bucket list)という単語を聞くようになってきた。死ぬまでにやりたいことリストのことだ。２００８年に日本で封切された『最高の人生の見つけ方』という映画の原題が“Bucket list”だった。この映画は、余命6か月を宣告され、病室で知り合った初老男性二人が、半年の間にやりたいことをすべてやりつくそうと決意し、病院を脱出し、バケットリストに書いたさまざまなことに挑戦するというストーリーだ。このバケットリストを実際に書いてみようと思っても、すらすら書ける人はそんなに多くはないと思う。日常生活の中で、「死ぬまでに何をしたいか」などと考える機会がない人が大半だからだ。

最近では、バケットリストを書き込めるノートが販売されているし、なかには、死ぬまでにしたいことを１００項目も書き込むノートやアプリもある。私の場合は、やりたいことを１００項目も考え、リストアップするのはかなりの労力だと思うので、5項目か、せいぜい10項目ぐらいを挙げ、それが達成できたら、新しい項目を追加する方が、自分のやりたいことを見つけやすい気がする。

そもそも私は普段から、したいことを後回しにしない生活を心がけているので、死ぬまでにしたいことがどんどん更新されている。10年前には考えもしなかったことが、今のやりたいことリストにアップされるのは、それだけでわくわくする。無計画の人生を送っているように思われるかもしれないが、自分の周りの環境が変わっていくのだから、それに身をゆだね、やりたいことを見つける作業は、私にとってはとても楽しい。人生は何が起きるかわからないから、面白い。

こうしたバケットリストを作成すると、なりたい自分や理想とする自分の姿が明確になり、大切にしたい価値観や人間関係を認識することができる。自分に残された時間をどう使うかを考えることは、生を充実させるためにはとても大事な作業だと思う。私が会社勤めをしていた頃、同じ職場の人たちと飲みに行くと、上司や会社の悪口を言う人が少なくなかった。そうやってストレス発散をすることは大事だが、夫が突然亡くなったことをきっかけに、嫌々仕事をするのは時間がもったいないな、と私は思うようになった。結局、私は自分の時間をどう使って生きるべきかを考えた時、会社を辞めようと決心した。子どもの頃に親に「時は金なり」という言葉を何度も教え込まれたが、自分が中年になって、ようやくこの言葉の意味を実感できるようになった。

大反響を呼んだ『死ぬ瞬間の5つの後悔』

緩和ケア施設で介護の仕事を長年してきたオーストラリア人のブロニー・ウェア（Bronnie Ware）が書いたブログが大反響を呼び、書籍化された『死ぬ瞬間の5つの後悔』によれば、その5つの後悔は、「自分に正直な人生を生きればよかった」「働きすぎなければよかった」「思い切って自分の気持ちを伝えればよかった」「友人と連絡を取り続ければよかった」「幸せをあきらめなければよかった」だという。ブロニーは、後悔しない人生を送るには、自分の心に正直に生き、すべての幸福に感謝することが大事だと説いている。私は、死ぬときに「ああ、幸せだったなあ」と思える人生を送りたいと思っているが、自分がこの人生で何をしたいのか、どうしたいのかを考え、それに向かって歩いていける幸運に感謝しようと心がけている。やりたいことであっても、たいがいのことは一人ではできず、周りの人のサポートや助けがあってこそ、実現できるからだ。

私は死生学者として、あるいは夫と突然死別した者として、いつまでも人生が続くわけではないということを意識する体験をしてきたが、日本にいると、「老後のために貯蓄をする」「健康寿命を延ばす」ことが美徳とされ、みんなが老後を目指して生活設計をしている。しかしカンボジアやフィリピンなどで私が接してきた、経済的に困窮している人たちには、そんな発想はない。今日明日の生活をどうするかで頭がいっぱいで、老後のために貯金する余裕なんてないし、栄養バランスのよい食事をとることがままならない庶民には、健康寿命なんて考えることもできない。

どちらが正しいかという話ではない。ただ、貯蓄や健康は、人生の手段であって、生きる目的ではないはずだ。したいことがあるから健康でなければならないのだし、お金も必要になる。したいこともなく、ただひたすら毎日を過ごす人生は、私には退屈すぎる。

しかし、どんなにやりたいことをやっていても、死は必ずやってくる。私は、台湾の小学校で、生と死の授業を見学したことがあるが、「もし3か月後に死ぬとしたら、何をしたいか」と教員が児童に問いかけたところ、日ごろから教員に手を焼かせる児童が、「一生懸命に勉強します」と回答した。その児童の発言を聞いた教員は感動した様子だったが、その児童の発言は、余命が限られているなら心を入れ替えて勉強をしたいという趣旨ではなかった。楽しい時間はあっという間に過ぎるが、嫌なことをしている時間はなかなか、時が進まないように感じるので、大嫌いな勉強をすれば、生きられる時間が3か月以上に感じるのではないかという児童の発想に、私は驚かされた。とはいえ、いくら時間の体感スピードが遅くなるからといっても、私は、人生の最後に嫌なことをしたくはない。

人生の最終段階で受ける医療やケアを話し合うACP

病気やケガの治る見込みがなく、死が避けられない状態になったら、最期をどんなふうに過ごしたいか。人生の最終段階で受ける医療やケアなどについて、患者本人だけでなく、家族などの身近な人、医療従事者などと事前に話し合う取り組みのことをACP（Advance Care Planning）と呼ぶ。厚生労働省は2018年にACPに「人生会議」という、あまり意味がよくわからない愛称をつけた。

延命措置をせず、自然に死を迎えたいという尊厳死についての「事前指示書」をエンディングノートに書いている人もいるかもしれないが、事前指示書とACPとの大きな違いは、ACPには家族や医療者も意思決定に関わっている点だ。事前指示書の内容については、周りの人と事前に話し合う必要はないので、家族の意向に反した意思を書くことができる。また医師との話し合いがされていないままに事前指示書が準備されている場合、事前指示書の内容が医療・ケアの観点からは実質不可能であり、いざというときに実施されないこともある。

先日も、「お父さんは元気なうちに延命拒否の意思を書いていたのに、胃ろうをされて一年近くも入院している」とこぼす女性に会った。延命をしないというのは、終末期に人工呼吸や人工栄養、人工透析をしないということだが、回復する患者に対する治療で、こうした処置をとることもある。「胃ろうを入れたら死ぬまで抜けない」とか、「延命治療なので、胃ろうはしない」と考える人が少なくない。しかし嚥下《えんげ》障害のリハビリには胃ろうが使われることがあり、口から食事が摂れるようになったら胃ろうを抜くのが一般的だ。

人工透析も慢性腎不全の治療に必要だが、延命治療を望まないで人工透析をやめた場合は、数日から2週間以内に死に至るといわれている。慢性腎不全なのに透析をしなければ、心不全を発症したり肺、全身に水が溜まり、呼吸がしづらくなり、余命は数週間から数か月となる。本人が苦しいのは当然だが、家族や周りの人も、苦しんでいる患者を見るのはつらい。

したがって、医療者と一緒に最期のケアのあり方を考えるACPや人生会議は、とても重要なのだ。しかし、延命をしたいかしたくないかという事前指示書でさえ、考えたくないという人は少なくない。たとえば、最近では自治体が住民に無償で配布するなど、エンディングノートを持っている人は増えているが、実際に書き込んでいる人はとても少ない。少し古いが、経済産業省が2012年に実施した調査では、エンディングノートにすでに記入している人は、30代以上のわずか2%で、70代でも5%にとどまっている（安心と信頼のある「ライフエンディング・ステージ」の創出に向けた普及啓発に関する研究会 報告書）。この調査から10年以上が経過しているとはいえ、いまだに、「そのうち書かなきゃ」とは思うものの、書かずに今に至るという人は多いはずだ。

エンディングノートは、自分の情報（成育歴、履歴、趣味、既往症など）だけでなく、死後のことについての希望、介護や終末期の希望、万が一の時に連絡してもらいたい人のリストなど、多岐にわたる項目を書き込めるようになっている。

もちろん、全部の項目を記入する必要はなく、書けるところから書けばよいのだが、不思議なことに、自分のお葬式やお墓、死後の手続きなどについては考えるのに、どんな医療を受け、どこで最期をどんなふうに過ごしたいかを考えるのはとてもハードルが高いようだ。しかも死後のことについては、「自分が孤独死するかも」「発見された時には自分の遺体が腐敗しているかも」などという前提で考える人はほとんどいない。ベッドの上で、家族や医療者が見守る中で息を引き取ることを当たり前として、どんなお葬式をするかを考える人が多い。

4. 死の恐怖にある8つの次元

「死んでいく過程に対する恐怖」がとても強い

ところで、死に対してネガティブな意識を持つ人が多いのはなぜだろうか。死が怖いとか、不安だと思うのはなぜなのだろうか。

社会心理学者のジョン・ホエルター（Jon Hoelter）は、死の恐怖には8つの次元があると述べている。

① 死んでいく過程に対する恐怖
② 死体に対する恐怖

③　肉体が滅びる恐怖
④　大事な人が死ぬ恐怖
⑤　未知への恐怖
⑥　死を意識する恐怖
⑦　死後の肉体に対する恐怖
⑧　早死にすることへの恐怖

ホエルターが挙げた項目には、「自分の死」の恐怖と、「大事な人の死」の恐怖が混在しているので、ここでは、自分が死ぬことの恐怖から整理してみていきたい。

日本ホスピス・緩和ケア研究振興財団の２０１８年調査によれば、死期が近いとしたら、どんなことが心配だったり、不安に感じたりするかをたずねたところ、最も多かったのは「病気が悪化するにつれ、痛みや苦しみがあるのではないかということ」が56・7％と過半数を占め、次いで多い「家族や親友と別れなければならないこと」（33・5％）を大きく上回った。また「自分が死ぬと、自分はどうなるのか、どこへ行くのかということ」という死後にかかわるスピリチュアルな不安を挙げた人は22・5％おり、死後の不安を抱く人は少なくなかった。

つまりホエルターの言う、「死んでいく過程に対する恐怖」がとても強いことが明らかになっ

死期が近いとしたら心配や不安なこと（性別）

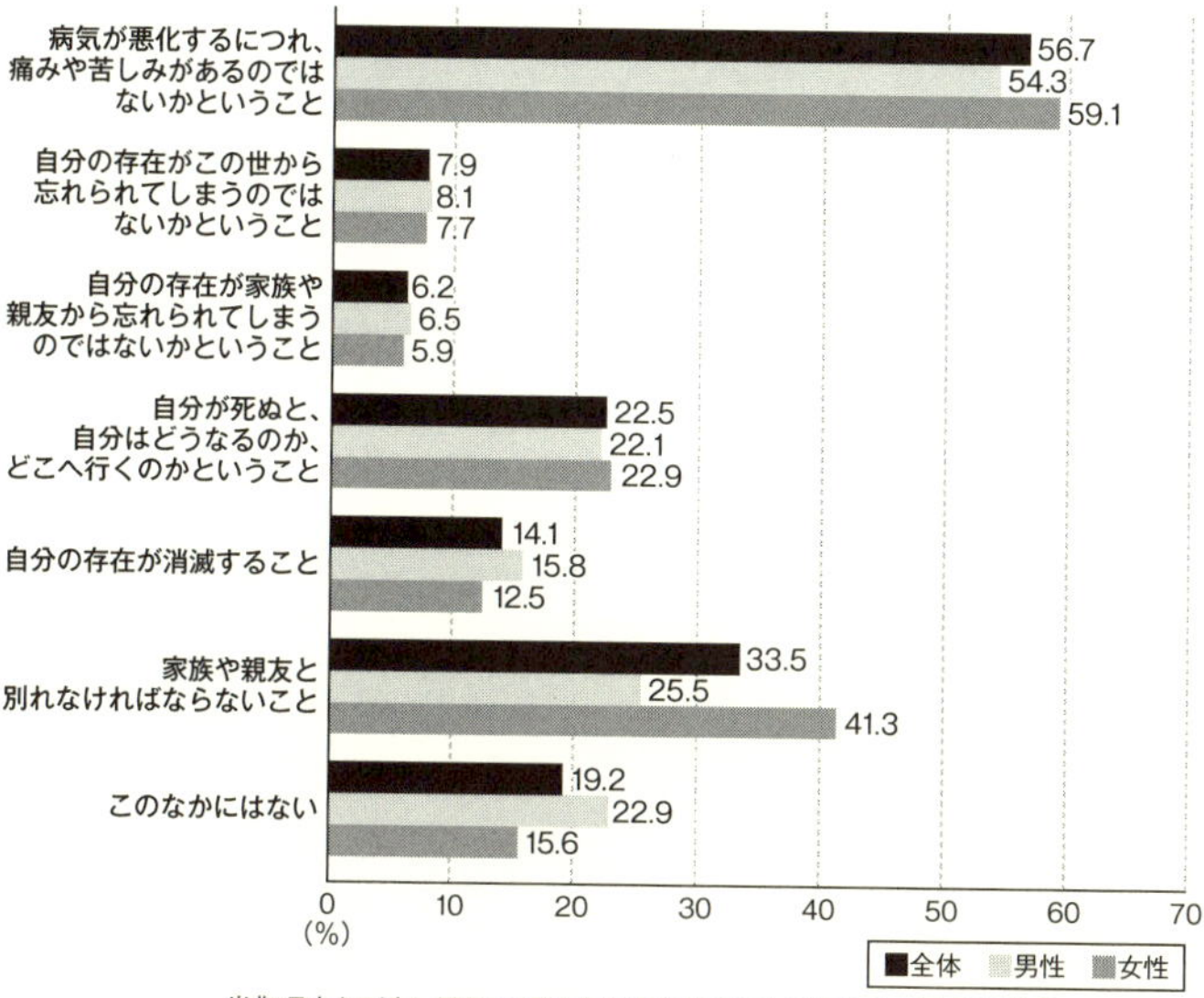

出典：日本ホスピス・緩和ケア研究振興財団「ホスピス・緩和ケアに関する意識調査　2018年」

た。日本でぽっくり死にたい人が多いのも、その背景には、「何かの病気にかかり、徐々に悪化していくのは、痛みや苦しみがあるから」という意識があることはすでに2章でも述べたが、死そのものというよりは、治る見込みがなく、死に向かっていく過程が怖いという人は多い。

日本では、他国と比較して高齢者の自殺が多い。自殺者が最も多いのは50代だが、70代と80歳以上を合わせると、50代の自殺者数を越えている。高齢者の自殺の動機としては健康問題が6割以上を占めており、うつ病などの精神疾患が存在していることが多いことが指摘されている。

	50～59歳	60～69歳	70～79歳	80歳～	不詳	合計
	1,000	547	599	584	0	4,708
	605	315	369	353	0	2,877
	395	232	230	231	0	1,831
	2,179	1,783	2,310	2,051	0	12,403
	1,235	1,036	1,440	1,256	0	7,224
	944	747	870	795	0	5,179
	1,338	848	434	103	2	5,181
	1,194	736	360	65	2	4,508
	144	112	74	38	0	673
	735	229	69	10	0	2,875
	649	200	64	9	0	2,451
	86	29	5	1	0	424
	82	27	15	5	0	877
	48	24	8	5	0	536
	34	3	7	0	0	341
	0	0	0	0	0	524
	0	0	0	0	0	340
	0	0	0	0	0	184
	322	200	229	201	0	1,776
	242	145	151	116	0	1,244
	80	55	78	85	0	532

※ 自殺の原因・動機は、遺書等の生前の言動を裏付ける資料がある場合に加え、家族等の証言から考えうる場合も含め、自殺者一人につき４つまで計上可能である。このため、原因・動機特定者数と原因・動機の件数の和は一致するとは限らない。

高齢になると、高血圧症、糖尿病、脳梗塞後遺症、心臓病、関節痛などの慢性疾患をかかえることが多くなるが、こうした継続的な身体的苦痛がうつ病の引き金となり得る危険性を持っており、自殺念慮が強まるとされている。

死ぬことはすべての人にとって「未知」

「未知への恐怖」も、多くの人が感じる感覚だろう。前世があるのかどうかはわからないが、少なくとも死んだことを覚えている人はいないのだから、身近な人の死は何度も経験していたとしても、自

2023年の自殺者の年齢階級別原因・動機

原因・動機＼年齢階級別		～19歳	20～29歳	30～39歳	40～49歳
家庭問題	計	155	358	574	891
	男	82	196	377	580
	女	73	162	197	311
健康問題	計	263	1,005	1,130	1,682
	男	103	473	673	1,008
	女	160	532	457	674
経済・生活問題	計	32	531	771	1,122
	男	19	427	689	1,016
	女	13	104	82	106
勤務問題	計	29	491	547	765
	男	23	380	460	666
	女	6	111	87	99
交際問題	計	70	358	187	133
	男	29	206	126	90
	女	41	152	61	43
学校問題	計	326	195	3	0
	男	201	137	2	0
	女	125	58	1	0
その他	計	106	246	216	256
	男	63	168	160	199
	女	43	78	56	57

※ 自殺の多くは多様かつ複合的な原因及び背景を有しており、様々な要因が連鎖する中で起きている。

出典：警察庁「令和５年中における自殺の状況」

分が死ぬことはすべての人にとっては「未知」だ。知らない世界に足を踏み入れることは、とても怖いし、緊張するが、死の前だけでなく、「死後、どうなるのか」という、考えてもよくわからないことへの恐怖もある。

私が２００３年に、当時勤務していた第一生命経済研究所でおこなった調査では、「病気が悪化するにつれ、痛みや苦しみがあるのではないか」「自分が死ぬと、自分はどうなるのか、どこへ行くのか」「残された家族が精神的に立ち直れるか」「家族や親友と別れなければならない」という不安が強い人ほど、自分が死ぬのが怖いという気持ちを助長することが明らかになっている。「病気が悪化するにつれ、痛みや苦しみがあるのではないか」という不安は、痛みや苦しみは医療で緩和できることを知れば、少し和らぎはしないだろうか。「自分が死ぬと、自分はどうなるのか、どこへ行くのか」という不安については、あの世の存在を説く宗教が解決策のひとつかもしれないが、生前にお墓を準備し、「死んだらここに眠る」という確証を得ることでも軽減されるかもしれない。私の場合は、「いま私が死んだら、あの人とこの人は、たまには私のことを思い出してくれるに違いない」と一方的に信じており、死者は誰かの記憶の中で生き続けると思っているので、死後のゆくえについて不安に思う気持ちはあまりない。

絵本作家・ヨシタケシンスケさんの『このあと どうしちゃおう』は、死後への不安について考えさせられる内容で、大人が読んでも興味深い絵本だ。絵本の主人公は亡くなったおじいちゃんの部屋から『このあと　どうしちゃおう』と書かれたノートを発見するのだが、そのなかには、「てんごくにいくときのかっこう」や「うまれかわったらなりたいもの」「てんごくってきっとこんなところ」など、おじいちゃんの「これからの希望」が描かれている。「みんなをみまもっていくほうほう」には、「とおりすがりのあかちゃんになって」や「かさぶたになって」など、奇想天外の方法が描かれているし、「こんなかみさまにいてほしい」では、自分担当の神様は「だれにもいえなかったことをきいてくれる」「いままでのおもいでばなしをおもしろがってくれる」「しゅみがあう」など、こんな死後の世界があるならば、怖くないかなと思わせる。そして主人公は、おじいちゃんを真似て、『このあと　どうしちゃおう』ノートを書こうとするのだが、生きている間にやりたいことがたくさんあることに気づき、『いきているあいだは　どうしちゃおう』ノートがあってもいいかなと思いつく。

死後どうなるのか、誰にもわからないが、わからないことが不安なのだから、「こんな世界だったらいいいな」と妄想することで、不安が軽減されるならとてもいいことだ。また死後の世界の妄想だけでなく、生きているいまをどう生きるかが大事だというメッセージも示唆に富む。

問題は、「残された家族が精神的に立ち直れるか」「家族や親友と別れなければならない」という不安だ。大切な人と別れる苦しみは「愛別離苦」といい、仏教でいう八苦のひとつに挙げられる。先立つ者は、残される家族の生活について不安に思う気持ちが強いが、残される人にとっても、愛別離苦は耐え難い悲しみだ。しかし、別れがたいほどの強い絆があるのだから、残された人の心の中で、自分は生き続けるのだと思うことができれば、亡くなっていく側の愛別離苦は昇華していくかもしれない。

先に述べた絵本『このあと　どうしちゃおう』では、通りすがりの赤ちゃんになったり、転んだ時にできた傷のかさぶたになったりして見守っていくよ、と書かれてあるが、これは残された人にとっては、「死者はそばで見守ってくれている」というメッセージであり、両者の絆は永続すると確証できれば、不安が少し軽くなりはしないだろうか。

死体や死後の肉体に対する恐怖も

「死体に対する恐怖」は、当たり前だが、自分で自分の死体を見ることはできず、身近な人の遺体はともかく、他者の遺体を目にするのは怖いと感じる人は少なくないだろう。私の姪は、小学校高学年の時に同居する祖父を亡くしたが、通夜やお葬式で祖父の遺体に触れるのはもちろん、ひつぎに近づくことさえ激しく嫌がった。動かなくなった遺体に対する怖いという感覚は、自然な感情なのだ。

恐怖とは少し違うかもしれないが、自分が亡くなった後、誰からも遺体を見られたくないという人は少なくない。かくいう私も、死に顔を見られたくないので、さっさと火葬にしてもらいたいと思う。誰かが亡くなって弔問に行くと、遺体と対面させていただくが、「故人は、他人からじろじろと眺められて嫌ではないのだろうか」「故人は死に顔を見られたかったのかなあ」と思うことがしばしばある。

「死後の肉体に対する恐怖」は、火葬大国の日本では意識する人はあまりいないが、土葬が主流の国ではリアルな恐怖につながることがある。日本でも、「火あぶりみたいで熱いから、火葬ではなく、土葬にされたい」という人がたまにいる。死んでいるのだから意識はないと思うが、私自身はどっちがいいかと聞かれれば、土葬だと息ができないし、虫が私の顔の周りを這うのは気持ち悪いし、だんだん自分の肉体が土の中で腐っていくのを想像するのは嫌なので、火葬の方がいい。

アメリカの女優マリリン・モンローは、生前に「火葬も土葬も嫌だ」と書き残しており、ひつぎごと納められる壁型墓地に安置されている。これなら、土の中で虫が這うこともないし、火あぶりのように焼かれる心配もない。遺体はエンバーミングされているので、そのままの姿で永遠の眠りについているはずだ。

また「肉体が滅びる恐怖」は、土葬にすれば朽ちて土となってしまうが、火葬にすれば遺骨が残るので、その意味では、安心感を得ることができるかもしれない。

5．自分の死より大切な人の死が怖い

「自分の死」の恐怖に混在する「大事な人の死」の恐怖

「大事な人が死ぬ恐怖」も、前の章で書いたように、多くの人にとって大きな恐怖だ。それでは、「自分が死ぬこと」と「大事な人に先立たれること」では、どちらがより怖いだろうか。日本ホスピス・緩和ケア研究振興財団の２０２３年調査では、自分の死を「とても怖い」と感じている人は20代、30代では４割を超えていたが、60代以降になるとがくんと減少し、70代では15・１％だった。

一方、大切な人の死が「とても怖い」と回答した人は20代から50代までは、６割から7割近く、60代以上でも４割程度おり、どの年代でも、大切な人の死を「とても怖い」と回答した人の割合は、自分の死が「とても怖い」と回答した人の割合を上回っていた。

全体でみると、自分の死は「あまり怖くない」「全く怖くない」と回答した人であっても、大

自分が死ぬことは怖いか

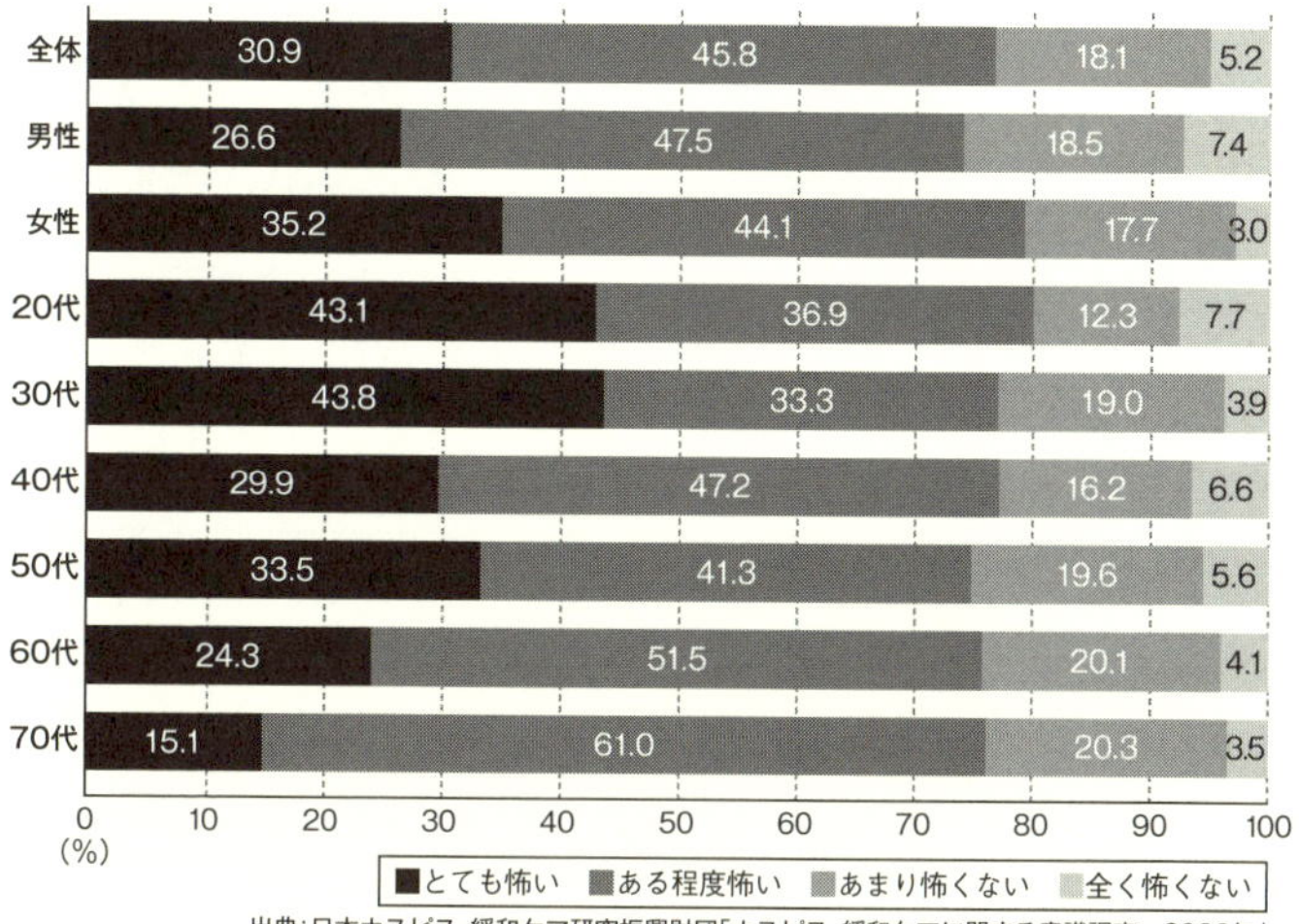

出典:日本ホスピス・緩和ケア研究振興財団「ホスピス・緩和ケアに関する意識調査　2023年」

大切な人に先立たれることは怖いか

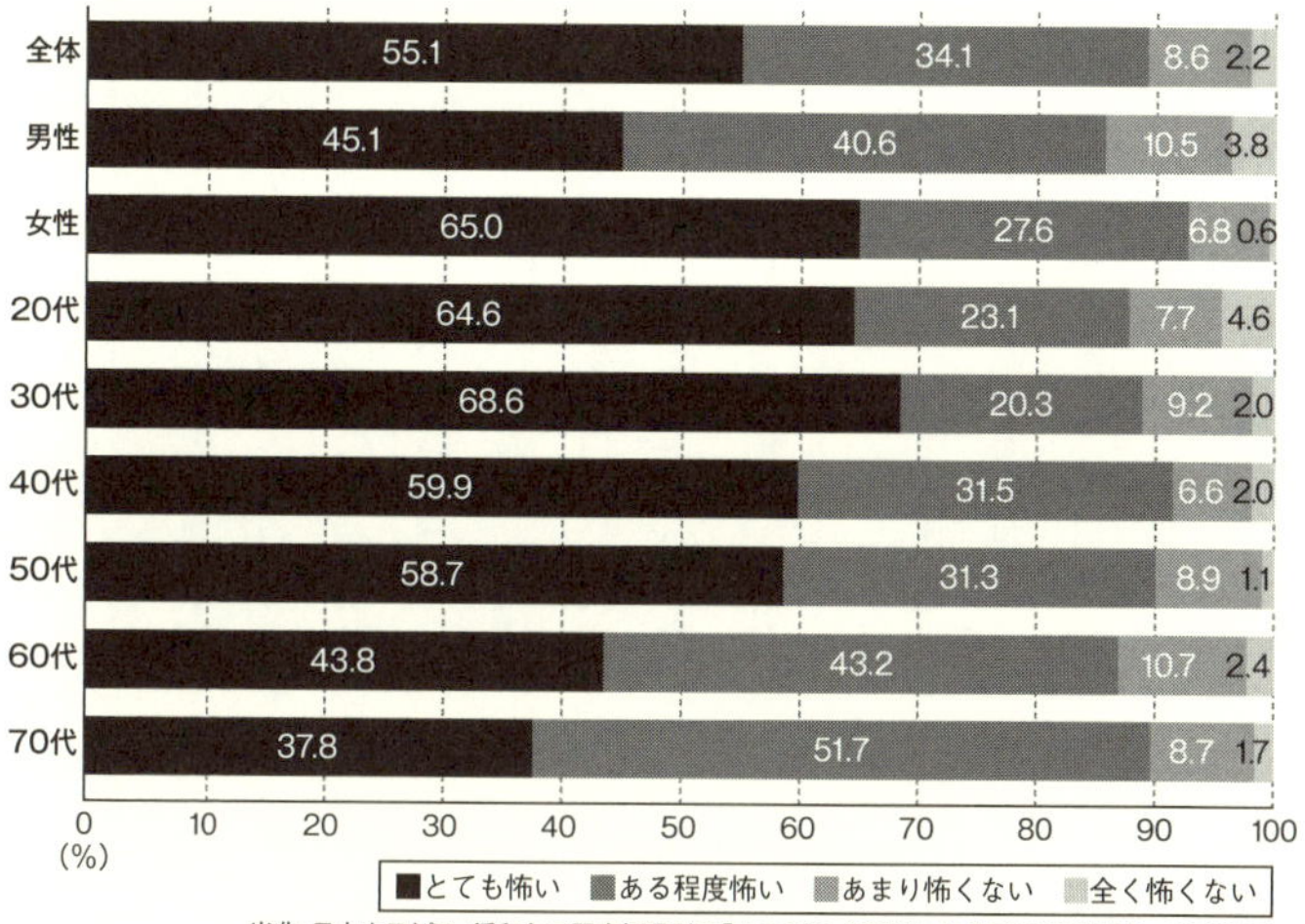

出典:日本ホスピス・緩和ケア研究振興財団「ホスピス・緩和ケアに関する意識調査　2023年」

自分の死の怖さ別にみた大切な人に先立たれることへの怖さ

(%)

		自分の死			
		とても怖い	ある程度怖い	あまり怖くない	全く怖くない
	n	309	458	181	52
大切な人の死	とても怖い	84.5	46.5	34.2	28.9
	ある程度怖い	14.2	46.9	38.7	23.1
	あまり怖くない	0.7	5.9	26.0	19.2
	全く怖くない	0.6	0.7	1.1	28.8

注：色付け　部分は、自分の死よりも大切な人の死が怖い人の割合

出典：日本ホスピス・緩和ケア研究振興財団「ホスピス・緩和ケアに関する意識調査2023年」

切な人の死が「とても怖い」「ある程度怖い」と感じる人が半分以上もいることがわかる。

私が２００6年に実施した調査でも、死の恐れの度合いを、大切な人と自分の場合で比較すると、大切な人の死の方が統計学的に高いことが明らかになっている。

自分が死ぬのは怖いと感じる人は年齢が上がるにつれて減少するものの、大切な人に先立たれる恐怖と比べると、どの年代でも、大切な人に先立たれる方が怖いと感じていると がいえる。

配偶者がいる人に、夫と妻のどちらが先に逝きたいかをたずねた調査結果で、50代以下では、夫も妻もどちらも、「自分が先に逝きたい」と回答する人が過半数を占めることをすでに本書で紹介した。自分が先に逝きたい

人が多い背景には、自分が死ぬことよりも、自分が残されることの方が怖いという意識があるのだろう。

結局、年を重ねると、自分の死が怖いという感覚は薄れていく傾向にある。私の場合は、20年ほど前に父親が白血病でわずか3か月の闘病で亡くなった時、「自分も死ねる」という自信がついた気がする。怖がりの父親は、自分がまさか亡くなるとは思っていなかったようだが、入院が2か月になる頃、「死ぬのかなあ」と、病室にいた私に問いかけたことがある。どきっとして「そんなわけないじゃない」と私は答えたが、そのうち、薬の影響で父親はとても楽しそうな妄想をするようになり、亡くなった。

これが、「誰でも死んでいけるのだから、私にできないはずがない」といった、私の根拠のない自信につながっている。世の中には、怖くて死ねなかったという人はいないのだが、父親の死で、私は一人称の死を強く意識した。

そう思うと、身近な人たちの死は、私にとってはすべてが学びの機会だ。「あんな死に方ができればいいな」と思うこともあれば、「あんな最期はいやだな」と思うこともある。いつ死んでもいいように、やりたいことを後回しにせずにやろうという気持ちになったことも、こうした経験のおかげだ。いまを一生懸命に生きていれば、死は怖くなくなるのではないかなとも思う。

考えてもよくわからない「死」に囚われて生きるのは、突然死した夫のことを考えると、時間がもったいないと私は思う。

　そして、自分が死んだあと、誰かがきっと、たまには思い出してくれるだろうなという確証があれば、死後も生き続けることができる。死を不安に思いながら生きるより、いまを一生懸命に生きることで、死という人生のゴールが輝いてくるのではないだろうか。私はもともと人付き合いが苦手で、ひとりでいる時間がいまでも好きなのだが、私が死んだあと、誰かの心の中で生き続けられればいいなと、元気なうちに周りの人とつながろうと思うようになった。

「一人称の死」と「二人称の死」で大きく異なる意識

　ただ、多くの人は「死んだ人が見守ってくれている」と思うのに、「自分が死んだら、誰かを見守る存在になる」とは思わず、「自分は死んだら無になる」と考える傾向にある。臓器移植についても、「自分が脳死になったら心臓をあげてもいい」と考える人でも、「大切な人が脳死になっても、心臓を提供したくない」と考える人は少なくない。「大切な家族のお葬式はちゃんと出したいけれど、自分の場合は火葬のみでいい」とか、「親の遺骨は納骨したけれど、自分の時には家族に墓守やお墓参りで迷惑をかけたくないので、海にでも散骨してくれたらいい」という人も多い。「一人称（自分）の死」と「二人称（大切な人）の死」とでは、同じ人なのに意識が大きく異なるのだ。

6. 家族がいなくても死ねる「死の社会化」

「おひとりさま」は死後の手続きをどうすればいいか

死に対する恐怖とは異なるが、死や死後のことへの不安も恐怖を助長しているかもしれない。「お金をかけたくない」「家族に迷惑をかけたくない」と終活をしなきゃと考える人はとても多い。すでに述べたように、これまでの日本では、自立できなくなった時には家族が支援したり、面倒をみたりするのが当たり前だとされてきた。家族に迷惑をかけたくないと考える人が増え、また、いざというときに支援してくれる家族がいない、あるいは家族はいるが、頼れない人が珍しくなくなっている。

2章で述べたように、入院や入所時に病院や介護施設が身元保証人を求めるケースがある。身元保証人がいない場合に、民間事業者が担うサポートサービスも増えている。

亡くなった後も同様だ。1章でも述べたように、ここ20年間で、お葬式のかたちが大きく変わっている。
高度経済成長期から昭和50年代頃までは、自宅でお葬式をおこない、地域のみんなが総出でお葬式を手伝う風習があった。ところがバブル景気の前後から、こうした光景は減少し、いまや葬祭業者の存在なくしてはお葬式ができず、セレモニーホールでお葬式をすることが当たり前になっている。

またなかでも人が亡くなって以降のことは、家族や子孫が担うべきとされてきた。例えばお墓は、慣習に従って祖先の祭祀を主宰すべき者が継承すると、民法で規定されている。

「○○家の墓」のように、子々孫々で同じ墓石の下に遺骨を安置するようになったのは、火葬が普及してからのことで、厚生労働省『衛生行政報告例』によれば、今でこそ火葬率は99・9％を超えているが、1970年には79・2％だったので、50年前には5人に1人は土葬されていた。子々孫々が同じ墓に埋葬され、継承、管理するお墓にはそれほど長い歴史があるわけではない。

とはいえ、子孫がいない「おひとりさま」にとっては、自分はどこのお墓に入るのだろうか、あるいは両親が眠る先祖のお墓をどうしたらいいのだろうかと、不安に思う人が少なくないだろう。

実際、全国で、お参りする人が途絶えた無縁墓が増加している。また引き取り手のない遺骨もここ20年間、各自治体で急増している。しかも身元がわからない行旅《こうりょ》死亡人（本人の氏名、本籍地・住所などが判明せず、かつ遺体の引き取り手が存在しない行き倒れた死者）ではなく、多くの遺骨は、身元が判明し、親族もわかっている点が、昨今の傾向だ。日本では、死後、火葬をしたり、納骨したりする人がいない場合、自治体が遺族に代わっておこなうことが義務づけられているからだ。

ここ数年、遺族や親族からの「送骨」を引き受けるお寺も増えている。ゆうパックで遺骨を送る際に納骨代として3万円ほどかかるが、「納骨に高額な費用をかけられない」「遺族が高齢で納骨に立ち会えない」「遺族がいない」などの理由で利用されているようだ。

死後、自宅の片づけや手続きを誰がどうするかという問題もある。遺言は資産のある人が書くものという思われがちだが、どんな人も遺言を残すことが大切だ。私たちが死後に残す相続財産には、預貯金や株券などだけではなく、思い出の品や宝石、家電など、換金しづらい物が多くある。お金は分割することができるが、物は平等に分けることができない。遺言書は、死後に残した物を誰にどう渡すかを書く法的書類だ。

定期購読している雑誌や会費など、クレジットカードで自動引き落としされるサービスなどは、死後、誰かにとめてもらう必要がある。ネットバンキングやネット証券などを利用している場合は、その情報やＩＤ、パスワードを書き残しておかねば、残された人は解約することもできない。

「家族がいることが当たり前」という意識を変えていく

血縁、親族ネットワークだけでは老い、病、死を永続的に支え続けることは不可能なところまで、日本の社会は変容している。自立できなくなった後に頼れる家族がいることがもはや当たり前の社会ではなくなっている。

どんな人も安心して人生を全うできる社会の実現には、地縁や血縁にこだわらない、緩やかな関係性を元気なうちに築いておくことも大切だ。まわりにかける手間を迷惑とさせないためには、自分がどうしたいのかという意思をあらかじめ明白にし、まわりに伝えておくしかない。自立できなくなった時、誰がその人の意思を伝えるのか、また誰が死の安寧を保証するのか。家族がいることが当たり前という意識を私たちが変えていくことがまず求められるのかもしれない。

私はこれを「死の社会化」と呼んでいる。社会や家族のあり方がこれほどまで変容しているのに、家族や子孫がいない人のことを「無縁」と呼ぶこと自体がおかしい。配偶者や子ども、子孫はいなくても、社会とのつながりがあり、友人知人がいた人は、「無縁」ではないと思うからだ。結婚や離婚することも子を産み育てることも、本人の自由意思であるとされている社会においては、どんな人も市民として生きてきたのだから、家族の有無にかかわらず、自立できなくなった後、死後も市民として祀られるべきではないだろうか。資産の多寡や子孫の有無によって、葬られ方が異なる現状について私は納得ができない。

自分の死を考える時に、子孫がいない人が「自分は無縁である」と意識することは、どれだけ切ないことだろうか。死後を支える子どもを産まなかったから自業自得、なのだろうか。1章で述べたように、子々孫々で継承する「○○家の墓」は、火葬が普及してから誕生した制度で、その歴史は新しい。土葬が主流だった頃は、亡くなった順番に同じ地域で亡くなった人の遺体が等しく葬られていた。資産があってもなくても、子どもがいてもいなくても、誰でもが市民として等しく葬られる権利を持っているはずだ。自治体は、廉価でその場を市民に提供すべきだと思う。血縁者だけで入りたい人は、○○家の墓を建てればよい。子孫がいても、子孫とではなく、死後は友人と一緒にいたいという人もいるだろう。

第二次世界大戦後のイギリスが社会福祉政策のスローガンとして掲げた「ゆりかごから墓場まで」という言葉があるが、日本では、福祉の対象は「ゆりかごから息を引き取るまで」で、死後は福祉の対象ではない。死後は、私たちはヒトではなく、モノになるからだ。福祉はヒトを対象としているので、死後は福祉の範疇ではないという解釈だ。しかし、考えてみれば、どんな人にも共通していることは、死ぬことだけなのだ。要介護になる人ならない人、がんに罹患する人しない人、出産する人しない人と、人生の選択肢はさまざまなのに、世の中には、死なない人はいないし、何度も死ぬ人もいない。こんな平等なことはほかにないのに、また、意識がなくなった後から死後のことは、どんなに生前に準備しておいても、その時に自分では意思判断をすることはできないのに、死は福祉の対象ではないというのはおかしなことだ。

死が社会化されれば不安は軽減される

元気なうちに、自立できなくなった後の本人の意思を残しておけば、家族の有無、お金の有無にかかわらず、みなが等しく葬られるべきではないかと私は思う。死が社会化されれば、「家族に迷惑をかけたくない」とか、「無縁墓になるのではないか」などという不安は軽減される。自立できなくなった後を誰に託すのかという問題が解決されれば、安心して「いま」を生きることができるはずだ。

これまで述べてきたように、地縁や血縁に頼れなくなり、結婚していてもどちらかが先に逝けば「ひとり死」になり得るし、子どもや親族がいても頼れない、迷惑をかけたくないという時代になってきている。「ひとり死」時代だからこそ、死の社会化が必要なのだ。

私は、配偶者と死別した人の「没イチの会」だけでなく、誰もが気軽にやってきて、不安や心配事、うれしかったことを話しあったり、相談に乗り合ったりする「シニア食堂」をはじめた。ブッフェ式でおばんざい4、5品にお茶、お菓子もついて300円。調理の準備が大変なうえ、私のお金だけで運営しているので、いまは月に2回しかできないが、みんなでゆっくり3時間もおしゃべりできるサロンだ。

妻と死別したばかりの男性、介護休暇を取得し、ひとりで父親の介護をしているシングルの女性、一度も結婚したことがない男性など、毎回さまざまな方たちがふらりとやってきて、同じご飯を囲むと、初対面でも話が弾むから不思議だ。老いや死、孤独について不安に思っているのは、自分だけではないことがわかるだけでも、ほっとする。

もちろん、死後の世界を説く宗教が、死の不安を軽減させてくれることもある。しかし、「それでは信じましょう」となるのは簡単ではない。私自身、特定の宗教や宗派の信仰はないので、教義を勉強したとしても、信仰するようになるとは思えないが、あの世がきっとあると思えるならば、死後への希望となり、死ぬのが怖くなくなるに違いない、とは思う。

結局、いまを一生懸命に生き、今晩死んでも「ああ、いい人生だった」と思えるならば、幸せなのではないだろうか。

主な参考文献

デビッド・シンクレア　2019　梶山あゆみ訳　2020『LIFE SPAN――老いなき世界』東洋経済新報社
ウラジーミル・ジャンケレヴィッチ　1966　仲澤紀雄訳　1978『死』みすず書房
アルフォンス・デーケン　2011『新版　死とどう向き合うか』NHK出版
アルフォンス・デーケン　2012『心を癒す言葉の花束』集英社新書
ジェームス・ウィリアム・ウォーデン　1991　鳴沢実監訳　大学専任カウンセラー会訳　1993『グリーフカウンセリング――悲しみを癒すためのハンドブック』川島書店
ジェフリー・ゴーラー　1965　宇都宮輝夫訳　1994『死と悲しみの社会学』ヨルダン社
フィリップ・アリエス　1977　成瀬駒男訳　1990『死を前にした人間』みすず書房
藤井正雄　2000『死と骨の習俗』双葉社
山折哲雄　1990『死の民俗学――日本人の死生観と葬送儀礼』岩波書店
山本俊一　1996『死生学――他者の死と自己の死』医学書院
宇都宮輝夫　1989『生と死の宗教社会学』ヨルダン社
大江スミ　1982『応用家事教科書上・下　復刻家政学叢書7』第一書房
小松美彦　2004『自己決定権は幻想である』洋泉社
五来重　1994『日本人の死生観』角川選書
立岩真也　2008『良い死』筑摩書房

福田アジオ　２００４『寺・墓・先祖の民俗学』大河書房
山田慎也　２００７『現代日本の死と葬儀――葬祭業の展開と死生観の変容』東京大学出版会
吉本隆明　１９８８『共同幻想論』角川文庫
ヨシタケシンスケ　２０１６『このあと どうしちゃおう』ブロンズ新社
小谷みどり　２０２０『〈ひとり死〉時代のお葬式とお墓』岩波新書

おわりに

私が葬送や死についての研究をはじめて、30年以上が経った。お葬式の規模がどんどん小さくなり、お墓のかたちが多様化しているのは、1章で述べたような社会や家族のあり方の変化だけによるのではない。死生観の多様化と関連していることも背景にある。

「著名人が『自分は死後、お墓のなかで眠りたいとは思わない』と話した」という逸話をメディアが紹介するとき、「死生観」という単語を使うことが度々あることに、私は以前から疑問に感じてきた。死生観って何だろうか、と。死んだあと、どんなお葬式やお墓がいいか、という考え方を死生観と言うのだろうか。それとも、「死んだらわからないのだから、お葬式やお墓はどうでもいい」というように、死んだら魂や意識がどうなるかという考え方を死生観と呼ぶのだろうか。

2024年夏、医療者と登壇したあるシンポジウムで、参加者から、「死ぬのが怖いが、どうしたら怖くなくなるか」とか、「死生学者の小谷さんは、どんな死生観を持っているのか」と、質問された。その時、「死生観という言葉を口にしても、死生観とはどういうことかを説明できる人は多くはないのではないか」と、私は改めて思った。

死後のあり方や魂のゆくえに着目した考え方もあれば、これから死ぬまでの生き方に着目した考え方もある。小谷の死生観とは？　という質問に答えるとしたら、「死んだら終わりだと思っているので、悔いのないよう、いまを一生懸命に生きる」と言うこともあれば、「死んだら、誰かの心の中で生き続けることができるなら幸せだ」と答える時もある。

多くの人は、明日も明後日もあるかのように思っているが、明日も元気で生きていられるか、誰にも確証はない。将来の夢やどう生きたいかを考える時、この肉体で生きられる期間には限界があることを強く意識することはとても大事なことなのではないかと思う。死後の世界があるかもしれないし、死後も魂がこの世に残るかもしれないが、少なくとも私の場合は、この世で永遠のイノチがあるならば、のらりくらりと毎日を過ごし、どう生きようかなどと考えることもない気がする。だらだら生きることが悪いという意味ではない。この世での時間をどう使おうかを考えるのは、死という区切りがあるからだし、死別は悲しくつらいが、死別によって、この世に残された人は、人生の時間は有限であることを再認識する。

この本を読んでくださった方が、「この先、どう生きるか」「どんな風に人生を締めくくりたいか」を考えるきっかけになればとてもうれしいし、光栄に思う。私自身、死の床で、「ああ、いい人生だったな」と思えるような生き方をしようと思う。

本著は、医療や介護関係の本をたくさん手がけてこられた朝日新聞出版の杉村健さんが担当してくださった。死生観というふわっとしたテーマの本が読みやすくなったのは、ひとえに杉村さんのお力のおかげだ。心から感謝したい。

2025年2月

小谷みどり

小谷　みどり（こたに・みどり）
1969年大阪生まれ。奈良女子大学大学院修了。博士（人間科学）。第一生命経済研究所主席研究員を経て2019年よりシニア生活文化研究所代表理事。専門は死生学、生活設計論、葬送関連。大学で講師・客員教授を務めるほか、「終活」に関する講演多数。11年に夫を突然死で亡くしており、立教セカンドステージ大学では配偶者に先立たれた受講生と「没イチ会」を結成。著書に『ひとり終活』（小学館新書）、『〈ひとり死〉時代のお葬式とお墓』（岩波新書）、『没イチ　パートナーを亡くしてからの生き方』（新潮社）など。

朝日選書 1049

〈ひとり死《し》〉時代《じだい》の死生観《しせいかん》
「一人称《いちにんしょう》の死《し》」とどう向《む》き合《あ》うか

2025 年 4 月 25 日　第 1 刷発行

著者　小谷みどり

発行者　宇都宮健太朗

発行所　朝日新聞出版
〒104-8011　東京都中央区築地 5-3-2
電話　03-5541-8832（編集）
03-5540-7793（販売）

印刷所　大日本印刷株式会社

Published in Japan by Asahi Shimbun Publications Inc.
ISBN978-4-02-263140-4
定価はカバーに表示してあります。

落丁・乱丁の場合は弊社業務部（電話 03-5540-7800）へご連絡ください。
送料弊社負担にてお取り替えいたします。

「差別」のしくみ
木村草太
何が「差別」で何が「区別」？　気鋭の憲法学者が徹底検証

紫式部の実像
稀代の文才を育てた王朝サロンを明かす
伊井春樹
出仕のきっかけや没年など、生涯の謎を解きほぐす

変質する平和主義
〈戦争の文化〉の思想と歴史を読み解く
山本昭宏
非戦への認識と変化を辿り、現代の平和主義を見定める

水と清潔
風呂・トイレ・水道の比較文化史
福田眞人
日・英・印、時代と場所で健康観は全く異なっていた

asahi sensho

源氏物語のこころ
帚木蓬生
比類ない心の言葉に注目した『源氏物語』最良の手引書

中立とは何か
マックス・ウェーバー「価値自由」から考える現代日本
野口雅弘
ウェーバー思想の受容と論争から現代政治の道筋を示す

「人は右、車は左」往来の日本史
近江俊秀
道路利用の歴史を辿り、日本社会の特質を描き出す

村上春樹で出会うこころ
河合俊雄
村上春樹作品を通して出会いの本質にスリリングに迫る